Francesca Cosi
Alessandra Repossi

Itinerari francescani

nelle Marche
e nel Montefeltro

*Sulle orme di san Francesco tra
antichi conventi e borghi medievali*

ETS

Progetto grafico: Elisabetta Ostini, Elisa Agazzi
Cartine: Paola Lanza

In copertina: il convento di San Francesco presso
Venarotta (foto di Alberto Monti)

Per informazioni sulle opere pubblicate
e in programma rivolgersi a:

Edizioni Terra Santa
Via G. Gherardini 5 - 20145 Milano (Italy)
tel.: +39 02 34592679 fax: +39 02 31801980
http://www.edizioniterrasanta.it
e-mail: editrice@edizioniterrasanta.it

Finito di stampare nel giugno 2016
da Pazzini Stampatore Editore srl, Villa Verucchio (Rn)
per conto di Fondazione Terra Santa

ISBN 978-88-6240-413-6

«Andando nella Marca di Ancona,
Francesco ed Egidio esultavano giocondamente
cantando le lodi del Signore»
(*Leggenda dei tre compagni*, XIII sec.)

Introduzione

Dopo l'Umbria, terra natale di Francesco d'Assisi, non c'è altra regione d'Italia che fu visitata dal frate quanto le Marche, l'antica "Marca Anconitana", dove si recò a più riprese fra il 1208 e il 1219. In parte la frequenza dei suoi viaggi nella zona era dovuta alla vicinanza geografica, ma anche al fatto che la popolazione locale sembrava particolarmente ricettiva nei confronti dei suoi insegnamenti: ad Ascoli, nel 1215, trenta giovani presero il saio subito dopo aver ascoltato una predica di Francesco nella piazza principale, e molte conversioni si ebbero anche a Fabriano in un'occasione simile.

Coloro che si convertivano presero poi a costruire eremi e conventi nei quali vivere secondo la Regola francescana, tanto che nel 1282, poco più di mezzo secolo dopo la morte del santo, vi erano sul territorio ben 1.500 frati distribuiti in 85 conventi, alcuni dei quali sono tuttora visitabili. Con il passare del tempo questi commissionarono la realizzazione di immagini sacre, dipinti e sculture che in molti casi sono giunti fino a noi: il francescanesimo portò quindi in queste terre una grande fioritura non solo spirituale, ma anche artistica, che ancora oggi è possibile apprezzare.

Per questo è nata l'idea di realizzare una guida ai percorsi francescani nelle Marche, una terra da riscoprire, oltre che per i suoi forti legami con la figura del santo, anche per la bellezza dei suoi paesaggi e delle cittadine medievali che la costellano, per la suggestione artistica dei tanti tesori che custodisce e per l'accoglienza cordiale degli abitanti.

LA STRUTTURA

Il percorso è strutturato partendo dalle notizie storiche relative ai viaggi e alla predicazione del santo nelle Marche e nel Montefeltro, narrate nei testi più antichi del francescanesimo, che ci permettono di andare a rintracciare i luoghi esatti visitati da Francesco nel suo predicare, nei quali si svolsero alcuni eventi significativi della sua storia. Queste località saranno riportate nell'ordine in cui le incontrerete durante il viaggio. In ogni capitolo presentiamo quindi quelli che abbiamo chiamato "**I luoghi dei Fioretti**", storicamente legati alla presenza di Francesco (o in alcuni casi dei suoi discepoli), insieme al brano delle *Fonti Francescane* (FF) che descrive ciò che avvenne al suo passaggio, in modo da consentirvi di attraversare tali località con la piena consapevolezza del legame che le unisce alla figura del santo.

Questo dato storico costituisce la base dell'itinerario di viaggio proposto nella guida; ai luoghi citati nelle fonti antiche si aggiungono poi alcuni tra i più suggestivi conventi e edifici sacri che furono costruiti dai discepoli del frate pochi anni dopo il suo passaggio per quelle terre o che sono legati in altro modo alla sua figura: dalla splendida abbazia di Sant'Urbano all'Esinante, vicino ad Apiro (MC), alla basilica di San Giuseppe da Copertino presso Osimo (AN), con le suggestive grotte nelle quali i francescani si ritiravano quando l'inverno marchigiano si faceva particolarmente rigido. Si tratta di luoghi unici per il loro grande fascino artistico e architettonico e per la spiritualità che vi si respira ancora oggi, pertanto li abbiamo denominati "**Da non perdere**".

Infine, e questa è l'ultima tipologia di sezione proposta nel nostro itinerario, indichiamo alcune località nelle quali è possibile fare quelle che abbiamo definito "**Visite di approfondimento**": si tratta di luoghi che non sono direttamente legati alla presenza di san Francesco (come le pinacoteche che ospitano dipinti dedicati al santo) o che lo sono stati in passato ma nel tempo hanno cambiato destinazione d'uso (da convento a municipio, ad esempio, con tutte le modifiche architettoniche che ciò comporta), o che ancora sono legati al santo da tradizioni non confermate dalle fonti storiche.

L'ITINERARIO

L'itinerario descritto nella guida si articola in nove tappe che attraversano non soltanto le Marche, ma anche il territorio di San Leo: ai tempi di Francesco, infatti, questo era retto dai conti di Montefeltro, originari di Carpegna nell'Urbinate, e da allora ha conservato profondi legami storici con la Marca Anconitana. Abbiamo quindi ritenuto di inserirlo nella guida, nonostante nel 2009 sia passato dalla provincia marchigiana di Pesaro e Urbino a quella emiliano-romagnola di Rimini.

Il percorso che vi proponiamo parte da sud, dalla città di Ascoli Piceno, e risale verso nord toccando graziose cittadine di gran parte delle province marchigiane: da Ascoli Piceno (con Venarotta) a Macerata (con Sarnano, San Severino Marche e Apiro), da Ancona (dove, oltre al capoluogo di regione, si visitano Fabriano, Staffolo e Osimo) a Pesaro e Urbino (con Mercatello sul Metauro), per poi concludersi nella località situata più a nord, Villa Verucchio, dopo la visita a San Leo e alla sua imponente rocca.

L'itinerario permette di toccare una serie di paesi poco battuti dal turismo di massa, ma non per questo meno interessanti rispetto alle mete più note, anzi: ogni giornata di viaggio sarà una rivelazione, sia perché scoprirete piccoli gioielli dell'architettura e dell'arte religiosa che ancora palpitano di una spiritualità antica, sia perché potrete ammirare panorami di grande fascino. Molti dei paesi proposti, inoltre, hanno ricevuto la "Bandiera arancione" del Touring Club Italiano, un marchio di qualità turistico-ambientale riservato ai più bei borghi dell'entroterra italiano. Fra questi vi sono Mercatello sul Metauro, Sarnano, Staffolo, San Leo e Verucchio.

Le tappe sono pensate per essere agevolmente percorse in auto senza dover guidare troppo a lungo e avendo a disposizione il tempo sufficiente per visitare con agio le varie destinazioni indicate.

Per chi ama camminare e vuole affiancare al viaggio su

Un dolce paesaggio marchigiano.

ruote l'esperienza di un piccolo pellegrinaggio, segnaliamo inoltre che è possibile effettuare l'ultima tappa (che tocca i paesi di San Leo e Villa Verucchio) non solo in automobile ma anche a piedi, in circa 6 ore, grazie alle indicazioni riportate nell'ultimo capitolo.

QUANDO PARTIRE E DOVE ALLOGGIARE?

È consigliabile organizzare il viaggio dalla fine di marzo alla fine di ottobre; se non temete le piogge o il freddo è possibile partire anche da novembre a febbraio, ma tenete presente che potreste incontrare dei piovaschi e che le temperature potrebbero essere più rigide, rendendo quindi meno piacevole il viaggio.

Per l'alloggio, dal momento che in generale si tratta di località poco battute dal turismo di massa, potreste trovare una sistemazione anche arrivando direttamente sul posto senza prenotazione. D'altra parte, proprio perché i paesi sono piccoli, alberghi e B&B non sono molto numerosi e può darsi che valga la pena organizzarsi prima della partenza (o almeno fissare l'albergo di giorno in giorno), per non dover passare il tempo a cercare un posto dove dormire. In questo caso vi segnaliamo il sito *www.booking.com*, che permette di prenotare online sistemazioni di qualunque genere o, se preferite fissare tramite un operatore, vi forniamo tappa per tappa i recapiti degli uffici del turismo locali. A San Ginesio, San Severino Marche e Osimo alcuni dei conventi inseriti nell'itinerario offrono un servizio di foresteria che potrebbe fare al caso vostro: li troverete segnalati all'interno della guida.

Ringraziamenti

Le ricerche e la raccolta dei materiali necessari per scrivere questa guida non sarebbero state possibili senza il generoso contributo di tante persone che abbiamo incontrato lungo il cammino: ringraziamo quindi Cristina Peroni e Laura Vitelli, gentilissime e preparatissime operatrici museali della pinacoteca di Ascoli Piceno, insieme al professor Stefano Papetti che ne è il direttore; Giulio Saladini di Rovetino che ci ha aperto le porte della chiesa ascolana di Santa Maria delle Donne, di sua proprietà; il vicesindaco del Comune di Venarotta, Maria Anna Perotti, e il fotografo Alberto Monti per le foto del convento di San Francesco presso Venarotta; Claudia Pasimeni dell'associazione culturale "Il Circolo di Piazza Alta" di Sarnano; Giorgia Sebastianelli che ci ha aperto la pinacoteca del paese per una visita fuori orario; l'architetto Giuseppe Gentili, che ci ha inviato alcune foto di Roccabruna; padre Alberto che ci ha fornito materiali preziosi e accompagnato nella visita della chiesa e del convento di San Salvatore in Colpersito a San Severino Marche; suor Rosella Chiara e suor Chiara Maria, nostre guide al monastero di Santa Chiara nella stessa località; Lucia Ricciotti, dinamicissima e collaborativa referente dello IAT di Fabriano; padre Armando Pierucci del convento di Santa Caterina di Fabriano, che ci ha aperto la chiesa e donato il CD *La terra dei fioretti*; Barbara Bianchi di TurismoMacerata e il fotografo Massimo Zanconi, che ci hanno donato le foto della splendida abbazia di Sant'Urbano presso Apiro; Sauro Bartocci, Laura Montanino e la piccola Noemi, che ci hanno accompagnato a visitare la chiesa di San Francesco di Favete situata nella loro proprietà; il sindaco di Staffolo, Patrizia Rosini, che ci ha gentilmente fatto visitare la chiesa di San Francesco; i frati del convento di San Francesco di Forano per le preziose informazioni, la guida e il libro che ci hanno fornito; Eleonora Barontini dello IAT di Osimo, che ci ha accompagnato nelle splendide grotte sotto il paese (e la gentile collega Lorenza Bagnarelli); Francesca Egidi e Federica Maccioni della biblioteca comunale di Osimo per il prezioso aiuto nel reperire materiali utili per la ricerca; padre Marco della basilica di San Giuseppe da Copertino della stessa cittadina, che ci ha donato un libro sul santo a Osimo; il colonnello Giuseppe Milano del Centro Documentale Ancona, che ci ha inviato alcune immagini dell'ex convento di San Francesco ad Alto, oggi sede del distretto militare; Angelo Righetti, che ci ha gentilmente accompagnato nella visita del convento di Sant'Igne; Mariacristina Leo, che ci ha fatto da guida nelle stanze di San Leo in cui Francesco sostò, e infine Claudia Imola e la collega Vincenzina dello IAT del paese per l'invio di foto e informazioni.

Un po' di storia

Prima di descrivere il percorso turistico che vi porterà alla scoperta del territorio marchigiano e delle sue tante attrattive artistiche, naturali e spirituali, vi forniamo un breve *excursus* storico sulla presenza di san Francesco in queste terre, documentata nelle fonti storiche più antiche, e sugli aneddoti che lo legano a personaggi e luoghi della zona. Passiamo poi al racconto, tratto dal libro dei *Fioretti*, dei miracoli realizzati dai discepoli marchigiani del santo, e infine accenniamo alla storia dei numerosi testi che costituiscono il *corpus* delle fonti francescane, che troverete citati nel corso di tutto il volume. A completamento del capitolo, riportiamo inoltre una cronologia sintetica dei principali avvenimenti della vita del santo.

SAN FRANCESCO NELLE MARCHE

Il primo dei viaggi di Francesco nella "Marca Anconitana", antico nome di questa regione, è descritto nella *Leggenda dei tre compagni* (capitolo IX, FF 1436), un testo che la tradizione (ma non la filologia) attribuisce ai suoi primi discepoli, Angelo, Leone e Rufino:

Giotto, *La predica agli uccelli*, Parigi, Museo del Louvre.

Francesco unitamente a Egidio andò nella Marca di Ancona, gli altri due [Angelo e Rufino], si posero in cammino verso un'altra regione. Andando verso la Marca, esultavano giocondamente nel Signore. Francesco, a voce alta e chiara, cantava in francese le lodi del Signore, benedicendo e glorificando la bontà dell'Altissimo. Tanta era la loro gioia, che pareva avessero scoperto un magnifico tesoro nel podere evangelico della signora Povertà, per amore del quale si erano generosamente e spontaneamente sbarazzati di ogni avere materiale, considerandolo alla stregua di rifiuti. E disse il Santo a Egidio: "Il nostro movimento religioso sarà simile al pescatore, che getta le sue reti nell'acqua e cattura una moltitudine di pesci, poi, lasciando cadere nell'acqua quelli piccoli, ammucchia nelle ceste quelli grossi". Profetava con questa similitudine l'espansione del suo Ordine. L'uomo di Dio non teneva ancora delle prediche al popolo ma, attraversando città e castelli, tutti esortava ad amare e temere Dio, a fare penitenza dei loro peccati. Egidio esortava gli uditori a credere nelle parole di Francesco, dicendo che dava ottimi consigli.

Questo viaggio, la prima missione di predicazione del santo, si colloca nel 1208, periodo in cui Francesco aveva radunato intorno a sé i primi discepoli ma non aveva ancora ottenuto da Innocenzo III il sigillo alla sua proposta e il permesso di annunciare la parola di Dio al popolo. In quell'occasione, l'accoglienza della gente fu inizialmente fredda e molti pensarono che Francesco ed Egidio fossero fuori di senno. Le reazioni della cittadinanza alla loro predicazione sono descritte in dettaglio sempre nella *Leggenda dei tre compagni* (capitolo IX, FF 1437):

Gli ascoltatori si domandavano l'un l'altro: "Chi sono questi due? Cosa ci stanno dicendo?". A quei tempi l'amore e il timor di Dio erano come spenti nei cuori, quasi dappertutto; la penitenza era ignorata, anzi la si riteneva una insensataggine. A tanto erano giunte la concupiscenza carnale, la bramosia di ricchezza e l'orgoglio, che tutto il mondo pareva dominato da queste tre seduzioni diaboliche. Su questi uomini evangelici correvano perciò opinioni contrastanti. Alcuni li consideravano dei pazzoidi e dei fissati; altri sostenevano che i loro discorsi provenivano tutt'altro che da demenza. Uno degli uditori osservò: "Questi qui o sono uniti a Dio in modo straordinariamente perfetto, o sono dei veri insensati poiché menano una vita disperata: non mangiano quasi niente, camminano a piedi nudi, hanno dei vestiti miserabili". Ciò nonostante, vedendo quel modo di vivere così austero eppure così lieto, furono presi da trepidazione. Nessuno però osava seguirli. Le ragazze, al solo vederli da lontano, scappavano spaventate, nella paura di restare affascinate dalla loro follia. Percorsa che ebbero quella provincia, fecero ritorno al luogo di Santa Maria.

Non sappiamo quali territori delle Marche Francesco abbia attraversato in quell'occasione; la tradizione vuole che si sia diretto a Fabriano, perché venendo dall'Umbria è il primo luogo che si incontra sul cammino, sia passando da Gubbio sia giungendo da Gualdo Tadino. Secondo alcuni storici, il primo avamposto francescano della regione sarebbe sorto proprio qui, e la tradizione vuole che il frate abbia soggiornato non solo nel paese di Fabriano (come appare da alcune fonti storiche), ma anche presso il vicino eremo di Val di Sasso, nascosto in mezzo ai boschi di una valle che all'epoca doveva apparire quasi inaccessibile.

Secondo le fonti, Francesco fece poi ritorno nella Marca Anconitana subito dopo aver ricevuto l'approvazione di Innocenzo III al suo ordine: da quel momento iniziò a predicare e non fu più oggetto di un'accoglienza sospettosa come quella sopra descritta, ma di una vera e propria devozione, in quanto messaggero di Cristo. A Sarnano, secondo la tradizione, il santo riuscì addirittura a dirimere una contesa fra alcuni signorotti che stavano litigando perché ciascuno di loro voleva mettere il proprio stemma familiare sulla porta della città. Francesco disegnò l'immagine di un serafino con tre gigli, e ancora oggi il Comune di Sarnano si fregia di questa insegna. Il fatto sarebbe avvenuto presso la "Rocca di Brizio", oggi Roccabruna, situata a breve distanza dal paese.

Nel 1212 il frate visitò San Severino Marche, dove sorge-

13

Giotto, *San Francesco riceve le stimmate*, Assisi, basilica superiore di San Francesco.

va il monastero femminile di Colpersito: qui convertì il celebre giullare Guglielmo da Lisciano, detto "il re dei versi" e, qualche tempo dopo, portò in dono alle suore una pecorella che aveva raccolto presso Osimo, perché se ne prendessero cura amorevolmente.

Nel 1213 Francesco visitò San Leo, nel Montefeltro, dove predicò al popolo sotto un albero della piazza principale, che nel tempo è stato ripiantato ed esiste ancora oggi. La gente fu talmente colpita da quell'evento che in seguito il Comune collocò nel proprio stemma l'effigie del santo insieme a quella dell'albero, e

lì campeggia ancora ai giorni nostri. Inoltre, sempre in occasione di quella visita a San Leo, il conte Orlando Catani di Chiusi offrì in dono a Francesco il monte della Verna, perché diventasse la casa del santo e dei suoi discepoli.

Il 1215 fu forse l'anno in cui il frate visitò più volte la Marca: in quel periodo predicò nella piazza principale di Ascoli Piceno, convertendo trenta giovani, e successivamente fu accolto «con grande riverenza» dal vescovo di Osimo, presso il magnifico duomo cittadino che ancora oggi possiamo ammirare. Fuori dalle mura del paese incontrò inoltre la pecorella a cui abbiamo accennato, circondata dai caproni, che gli ricordò la figura di Gesù Cristo perseguitato dai farisei, e decise di prenderla con sé per trovarle una sistemazione migliore.

Francesco fu più volte ad Ancona, grande potenza marinara, per raggiungere via mare i paesi che ancora non conoscevano il Vangelo: nel 1219 partì ad esempio per la Terra Santa, dov'era in corso la quinta crociata, per incontrare il capo dei saraceni e invitarlo a mettere fine alla guerra.

1181 - Nasce ad Assisi e viene battezzato come Giovanni, figlio di Pietro Bernardone, ma il padre vuole che venga chiamato Francesco.

Novembre 1202 - Guerra tra Perugia e Assisi; l'esercito degli assisani è sconfitto presso Collestrada.

1202-1203 - Francesco è tra i prigionieri nel carcere di Perugia, insieme ad alcuni fabrianesi; vi rimane un anno e viene liberato perché malato.

1204 o 1205 - Vuole recarsi in Puglia a combattere, ma a Spoleto ha una visione che lo induce a tornare ad Assisi. Inizio della conversione.

1205? - Incontra un lebbroso e gli dà l'elemosina e un bacio di pace.

1205 - Messaggio del crocifisso di San Damiano; inizio del conflitto con il padre.

Gennaio o febbraio 1206 - Portato in giudizio davanti al vescovo di Assisi, rinuncia all'eredità paterna e si spoglia degli abiti.

Luglio 1206 - Ricostruisce la chiesetta di San Damiano e vive di carità.

1206-1208 - Ristruttura San Pietro e la Porziuncola.

24 febbraio 1208 - Ascoltando il Vangelo, rimane colpito dalle parole con cui Gesù inviò gli apostoli a predicare nel mondo. Indossa per la prima volta un saio grezzo, lo cinge in vita con una fune e, scalzo, comincia a predicare.

16 aprile 1208 - Arrivano i primi discepoli: Bernardo di Quintavalle e Pietro Cattani. Una settimana più tardi arriva anche frate Egidio; il piccolo gruppo vive alla Porziuncola.

1208 - Iniziano le missioni di predicazione lontano da Assisi: la prima si svolge nella Marca di Ancona. Arrivano altri confratelli.

1209 o 1210 - Francesco scrive una prima breve Regola per sé e gli undici compagni e la presenta a papa Innocenzo III, che la approva a voce e li incarica di predicare.

Marzo 1211 o 1212 - Accoglie Chiara alla Porziuncola e la veste con l'abito religioso. Vivrà a San Damiano.

Novembre 1215 - A Roma assiste al IV Concilio Lateranense.

5 maggio 1217 - Capitolo generale dei frati alla Porziuncola, nel quale si decide la prima missione fuori dal territorio italiano.

26 maggio 1219 - Capitolo dell'ordine: viene stabilita la prima missione in Spagna e Marocco.

24 giugno 1219 - Francesco si imbarca ad Ancona per la Terra Santa.

29 novembre 1223 - Papa Onorio III approva la Regola definitiva dell'Ordine dei Frati Minori (nome voluto da san Francesco) con la bolla *Solet annuere*.

24 dicembre 1223 - Realizza il primo presepe vivente della storia durante la messa di mezzanotte a Greccio.

Settembre 1224 - In un lungo ritiro alla Verna ha la visione del serafino crocifisso e riceve le stimmate della Passione di Gesù.

Marzo 1225 - Poiché soffre da tempo di una malattia agli occhi che si è aggravata, si ferma a San Damiano da Chiara e le sue consorelle. Si sottopone a cure mediche che non danno risultati.

Aprile-maggio 1225 - Una notte, ha una visione in cui gli viene promessa la vita eterna e il mattino dopo detta il *Cantico delle creature*.

1225-1226 - Subisce vari interventi inutili per la malattia agli occhi; è ormai quasi cieco.

Cimabue, *San Francesco*, Assisi, basilica inferiore di San Francesco.

Aprile 1226 - Detta un breve testamento.

Settembre 1226 - Sentendo avvicinarsi la fine, si fa portare alla Porziuncola.

3 ottobre 1226 - Muore alla Porziuncola sulla nuda terra, dopo aver benedetto i frati.

4 ottobre 1226 - Il corpo viene portato un'ultima volta a San Damiano da Chiara e poi ad Assisi, dove viene seppellito nella chiesa di San Giorgio.

16 luglio 1228 - Viene canonizzato ad Assisi da papa Gregorio IX.

25 maggio 1230 - Il corpo viene trasferito nella nuova basilica di Assisi dedicata a San Francesco.

I PRIMI FRANCESCANI DELLE MARCHE

Furono molti gli uomini della Marca Anconitana che presero il saio dopo avere incontrato Francesco, e tanti di loro si distinsero per la devozione e le opere miracolose, come raccontano i *Fioretti*, una delle fonti francescane più note. Citiamo di seguito solo alcuni paragrafi del capitolo 42 (FF 1877), ma per avere maggiori dettagli sui francescani originari della Marca è consigliabile leggere tutta la seconda parte dell'opera.

La provincia della Marca d'Ancona fu anticamente, a modo che 'l cielo di stelle, adornata di santi ed esemplari frati, li quali, a modo che luminari di cielo, hanno alluminato e adornato l'Ordine di santo Francesco e il mondo con esempi e con dottrina. Tra gli altri furono in prima frate Lucido Antico, lo quale fu veramente lucente per santità e ardente per carità divina; la cui gloriosa lingua, informata dallo Spirito Santo, facea maravigliosi frutti in predicazione.

Un altro fu frate Bentivoglia da Santo Severino, il quale fu veduto da frate Masseo da San Severino essere levato in aria per grande spazio istando egli in orazione nella selva; per lo quale miracolo il devoto frate Masseo, essendo allora piovano, lasciato il piovanato, fecesi frate Minore; e fu di tanta santità, che fece molti miracoli in vita e in morte, ed è riposto il corpo suo a Murro. Il sopraddetto frate Bentivoglia, dimorando una volta a Trave Bonanti [Pontelatrave] solo, a guardare e a servire a uno lebbroso, essendogli in comandamento del Prelato di partirsi indi e andare a un altro luogo, lo quale era di lungi quindici miglia, non volendo abbandonare quello lebbroso, con grande fervore di carità sì lo prese e puoselosi in sulla ispalla e portollo dall'aurora insino al levare del sole tutta

quella via delle quindici miglia infino al detto luogo, dov'egli era mandato, che si chiamava Monte Sancino [San Vicino]. Il quale viaggio, se fusse istato aquila, non avrebbe potuto in così poco tempo volare: e di questo divino miracolo fu grande istupore e ammirazione in tutto quello paese.

Un altro fu frate Pietro da Monticello, il quale fu veduto da frate Servodio da Urbino (allora essendo guardiano nel luogo vecchio d'Ancona) levato da terra corporalmente cinque ovvero sei braccia insino appiè dello Crocifisso della chiesa, dinanzi al quale stava in orazione. E questo frate Pietro, digiunando una volta la quaresima di santo Michele Arcagnolo con grande divozione, e l'ultimo dì di quella quaresima istandosi in chiesa in orazione, fu udito da un frate giovane, il quale istudiosamente stava nascosto sotto l'altare maggiore per vedere qualche atto della sua santità, e udito parlare con santo Michele Arcagnolo, e le parole che dicearo erano queste. Dicea santo Michele: "Frate Pietro, tu ti se' affaticato fedelmente per me, e in molti modi hai afflitto il tuo corpo; ecco io sono venuto a consolarti acciò che tu domandi qualunque grazia tu vuogli, e io te la voglio impetrare da Dio". Rispondea frate Pietro: "Santissimo Prencipe della milizia celestiale e fedelissimo zelatore dello amore divino e pietoso protettore delle anime, io t'addomando questa grazia, che tu mi impetri da Dio la perdonanza delle miei peccati". Rispuose santo Michele: "Chiedi altra grazia, ché questa t'accatterò io agevolissimamente". E frate Pietro non domandando nessuna altra cosa, l'Arcagnolo conchiuse: "Io, per la fede e divozione la quale tu hai in me, ti procaccio cotesta grazia che tu addimandi e molte altre". E compiuto il loro parlare, il quale durò per grande spazio, l'Arcagnolo santo Michele si partì, lasciandolo sommamente consolato».

Carlo Crivelli, *San Silvestro e san Francesco*, particolare del Polittico di Massa Fermana, Massa Fermana, chiesa dei Santi Lorenzo e Silvestro.

LE FONTI FRANCESCANE

I numerosi viaggi di Francesco nelle Marche e le vite dei tanti frati marchigiani che seguirono la sua Regola e il suo esempio sono raccontati con dovizia di particolari dalle fonti più antiche, così numerose da offrirci oggi una documentazione talmente ampia da superare quella relativa alla maggior parte dei contemporanei del santo. È grazie a queste fonti che abbiamo potuto costruire l'itinerario proposto nella guida, fornendo per ciascun luogo tutti i riferimenti necessari per cogliere appieno il legame con la figura del santo e dei suoi discepoli. Di seguito vi proponiamo una breve storia della loro redazione, che ebbe inizio subito dopo la scomparsa del "Poverello".

Francesco fu canonizzato il 16 luglio 1228, meno di due anni dopo la morte, da Gregorio IX, e per l'occasione il Papa

Giotto, *Il miracolo della fonte*, Assisi, basilica superiore di San Francesco.

chiese al francescano abruzzese Tommaso da Celano di raccogliere testimonianze e documentazione sulla vita del frate e di elaborare una biografia che servisse a divulgarne le opere e lo spirito. All'inizio del 1229 Tommaso da Celano presentò quindi al Papa la *Vita prima Sancti Francisci* (*Vita prima di san Francesco*).

Poco meno di un ventennio più tardi, il 4 ottobre 1246, il capitolo generale dell'ordine

stabilì la necessità di integrare questo testo realizzando un'opera in grado di soddisfare la sete di conoscenza di tanti fedeli e al tempo stesso di chiarire le intenzioni originarie di Francesco: bisognava non solo limitarsi a descrivere i «*signa et prodigia*» presenti nella vita del santo, ma raccontarne anche «i fatti e persino le parole». Nel 1247 Tommaso da Celano concluse quindi la *Vita secunda Sancti Francisci* (*Vita seconda di*

Giotto, *San Francesco davanti al sultano*, Assisi, basilica superiore di San Francesco.

san Francesco) inserendo molte altre testimonianze dei compagni di Francesco che miravano a completare la sua prima opera, e terminò poi la sua "trilogia" nel 1253 scrivendo anche il *Tractatus de miraculis* (*Trattato dei miracoli*).

Appena dieci anni dopo, tuttavia, nel momento in cui i contrasti fra la corrente spirituale e quella conventuale dell'ordine francescano si facevano più accesi, nacque l'esigenza di comporre un'altra biografia che fornisse una nuova interpretazione dell'operato del santo. Fu il ministro generale dell'ordine, Bonaventura da Bagnoregio, a scriverla nel 1263, e il suo testo ebbe un

tale successo fra le gerarchie più alte che tre anni dopo vennero bandite tutte le biografie precedenti e i testi che a queste si rifacevano. Il nuovo testo si intitolava *Legenda maior* (*Leggenda maggiore*), ma il termine "leggenda" non va inteso nel suo significato attuale: nel Medioevo indicava infatti un libro da leggere per edificarsi ed elevarsi spiritualmente e non, come oggi, un racconto fantasioso e irreale. Si trattava dell'ultima biografia ufficiale del santo, nella quale la figura di Francesco si avvicinava sempre di più a quella di Cristo per la sua perfezione; da questa furono tratti gli episodi illustrati da Giotto nel ciclo di affreschi delle *Storie di san Francesco* realizzato presso la basilica superiore di Assisi. Il nuovo testo di Bonaventura, inoltre, scalzò i precedenti al punto che la *Vita prima* di Tommaso da Celano scomparve per diversi secoli e fu ritrovata e ripubblicata solo nel 1768, mentre la *Vita seconda* fu ristampata solo nel 1806.

Se i dati storici sulla stesura delle biografie ufficiali sono noti a tutti, più difficile è invece ricostruire la genesi delle biografie "non ufficiali", che non furono scritte su commissione papale o del capitolo francescano, ma composte spontaneamente da autori rimasti per lo più ignoti. La prima di queste è la *Legenda trium sociorum* (*Leggenda dei tre compagni*), così chiamata perché attribuita a Leone, Rufino e Angelo, discepoli di Francesco, e datata 11 agosto 1246. Gli studiosi tendono tuttavia a dubitare dell'autenticità di questa attribuzione e pensano invece che l'opera sia stata composta dopo la *Leggenda maggiore*.

Di poco posteriore a questa è la *Legenda perusina* (*Leggenda perugina*), composta tra il XIII e il XIV secolo allo scopo di fornire un resoconto «antico» della vita di Francesco da contrapporre a quello «nuovo» costituito dall'opera di Bonaventura da Bagnoregio. Nel te-

sto furono recuperati numerosi aneddoti attribuiti ai discepoli del santo e presenti nella trilogia di Tommaso da Celano, che ormai era stata messa al bando e risultava quindi introvabile.

Tra il 1327 e il 1340 furono composti infine gli *Actus Beati Francisci et sociorum eius*, attribuiti al frate marchigiano Ugolino da Montegiorgio e in seguito volgarizzati da un ignoto toscano con il titolo di *Fioretti*. Quest'opera, divenuta celeberrima, contiene una raccolta di «miracoli ed esempi devoti» tratti dalla vita del santo. A noi interessa in modo particolare la seconda parte, nella quale sono descritte le storie di molti francescani marchigiani, tra cui Corrado da Offida, Giovanni della Penna, Giovanni della Verna e Iacopo da Massa, che troverete citati nel corso della guida.

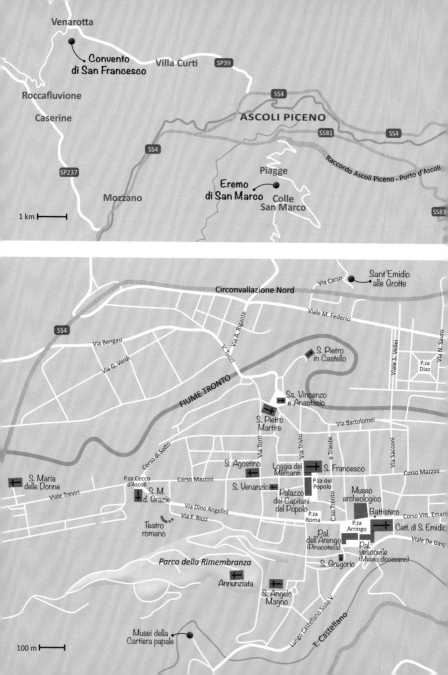

Ascoli Piceno e dintorni

Questo capoluogo conserva ancora oggi numerose torri che ne caratterizzano il profilo e hanno contribuito a far sì che molti secoli fa fosse conosciuto come "la città delle cento torri". Nel Medioevo, infatti, ebbe inizio la costruzione di questi edifici gentilizi, al tempo stesso strutture militari e simboli del potere delle famiglie che li erigevano, e si dice che all'epoca di massimo splendore Ascoli ne contasse ben duecento. Pochi anni dopo il passaggio di san Francesco, che vi predicò nel 1215, Federico II attaccò la città e

Ponte Maggiore

Forte Malatesta

SS81

Il battistero di San Giovanni, in piazza Arringo.

25

la diede alle fiamme, distruggendo 91 delle sue torri. Ancora oggi se ne possono vedere una cinquantina, alcune delle quali mozzate e inglobate nelle abitazioni, altre trasformate in campanili, ma pur sempre un segno tangibile del forte legame che la città marchigiana conserva con il passato.

E, proprio come in passato, ancora oggi la vita dei suoi abitanti ruota intorno a due magnifiche piazze, ampia e monumentale la prima, più raccolta e rinascimentale la seconda: piazza Arringo e piazza del Popolo. Alla prima si accede da una porta un po' defilata che dà quasi l'impressione di entrare nel "salotto buono" cittadino, un luogo di relax e distensione nel quale si può passeggiare liberamente, lontani dal traffico, mentre la seconda si trova a poche centinaia di metri di distanza e, tutta piastrellata com'è di travertino chiaro, nei giorni di pioggia appare lucida e liscia come uno specchio. Alla bellezza delle due piazze contribuiscono anche i molti monumenti storici che vi si affacciano e che tratteremo più in dettaglio nei prossimi paragrafi. Se il viaggio che vi porta

ad Ascoli Piceno è particolarmente lungo, vi consigliamo di trattenervi un giorno in più per poter assaporare senza fretta le bellezze del posto e visitare i luoghi legati al passaggio di san Francesco, primo fra tutti la piazza principale.

I LUOGHI DEI FIORETTI

Piazza Arringo, detta anche "dell'Arengo", è la piazza monumentale più antica di Ascoli Piceno e percorrendola si rimane colpiti innanzitutto dalla sua grandezza: misura oltre 80 metri da un capo all'altro. Il suo nome deriva dal fatto che nel Medioevo, quando Ascoli divenne un comune, ospitava le adunanze popolari, che venivano definite, appunto, "arringhi" o "arenghi".

Sulla piazza sorgono oggi numerosi edifici storici, tra cui il massiccio palazzo dell'Arengo (che oltre al Comune ospita la Pinacoteca, di cui parleremo nel paragrafo dedicato alle Visite di approfondimento), il duomo di Sant'Emidio con lo splendido polittico di Ascoli, realizzato da Carlo Crivelli nel 1473, e il battistero di San Giovanni, in stile romanico.

Piazza Arringo con la cattedrale di Sant'Emidio.

Nel *Dizionario toponomastico ascolano*, Giuseppe Marinelli riporta che nel 1152 al centro di questo grande slargo fu eretta una tribuna in pietra dedicata agli oratori, dalla quale con ogni probabilità, nel 1215, il popolo ascolano ascoltò la predicazione di frate Francesco. Ecco che cosa scrive in proposito Tommaso da Celano nella *Vita prima di san Francesco d'Assisi* (capitolo XXII, FF 430-433):

Nel tempo in cui, come si è detto, predicò agli uccelli, il venerabile padre Francesco, percorrendo città e villaggi per spargere ovunque la semente della benedizione, arrivò anche ad Ascoli Piceno. In questa città annunciò la parola di Dio con tanto fervore, che tutti, pieni di devozione, per grazia del Signore, accorrevano a lui, desiderosi di vederlo e ascoltarlo. La ressa della folla era straordinaria e ben trenta, tra chierici e laici, si fecero suoi discepoli, ricevendo dalle sue stesse mani l'abito religioso. Uomini e donne lo veneravano con tanta fede, che chiunque poteva toccargli la veste si considerava sommamente fortunato.

Quand'egli entrava in una città, il clero gioiva, si suonavano le campane, gli uomini esultavano,

Piazza Arringo, il palazzo dell'Arengo con la fontana (sotto: un particolare).

si congratulavano le donne, i fanciulli applaudivano, e spesso gli andavano incontro con ramoscelli in mano e cantando dei salmi. L'eresia era coperta di confusione, la fede della Chiesa trionfava; mentre i fedeli erano ripieni di giubilo, gli eretici si rendevano latitanti. I segni della sua santità erano così evidenti, che nessun eretico osava disputare con lui, mentre tutta la folla gli obbediva. Egli riteneva sacrosanto dovere osservare, venerare e seguire in tutto e sopra ogni cosa gli insegnamenti della santa Chiesa romana, nella quale soltanto si trova la salvezza. Rispettava i sacerdoti e nutriva grandissimo amore per l'intera gerarchia ecclesiastica.

I fedeli gli portavano pani da benedire e li conservavano a lungo, perché cibandosene guarivano dalle più diverse malattie. Sovente, spinti dalla grande fede, gli tagliuzzavano perfino la tonaca, per tenersene devotamente qualche parte, così che a volte il santo uomo restava quasi spoglio. E cosa più mirabile, qualche oggetto toccato dalla sua mano risanava gli infermi.

DA NON PERDERE

Se piazza Arringo è il luogo dove si ritiene si sia svolta la predicazione del santo, in città ci sono almeno altri due edifici che vennero realizzati poco dopo il passaggio di Francesco e che tuttora rimangono imperdibili. Il primo, la chiesa a lui intitolata, sorge in piazza del Popolo ed è raggiungibile a piedi in pochi minuti da piazza Arringo, mentre per il secondo, la chiesa di Santa Maria delle Donne, occorre percorrere circa un chilometro e spostarsi alla periferia ovest della città, dove un tempo c'erano soltanto campi.

Tra gli altri luoghi imperdibili dei dintorni di Ascoli, segnaliamo la chiesa e convento di San Francesco presso Venarotta, una località collinare a circa 20 minuti dalla città in direzione nord-ovest, e lo splendido

Convento di San Francesco presso Venarotta.

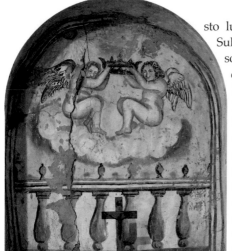

Decorazione nella chiesa del convento di San Francesco presso Venarotta.

sto luogo ricco di fascino. Sull'angolo della piazza sorge un bell'esempio di *liberty*, il Caffè Meletti, inaugurato nel 1907. Più avanti spicca il palazzo dei Capitani del Popolo, che offre un percorso archeologico sotterraneo, e sul fondo si trova la chiesa di San Francesco. Cinque frati minori conventuali vivono ancora oggi nell'annesso monastero.

L'idea di costruire questa chiesa e il relativo convento venne a un tale frate Ippolito subito dopo il passaggio di Francesco da Ascoli nel 1215. Nel 1234 papa Alessandro IV inviò da Roma la pietra benedetta sulla quale si sarebbe dovuta costruire la chiesa, ma i lavori iniziarono quasi trent'anni dopo, nel 1258, e durarono per circa tre secoli, dando vita a un edificio perfettamente incastonato nel tessuto cittadino, sul quale incombe con la sua mole. Sulla piazza del Popolo spiccano infatti il portale in stile gotico e la cinquecentesca loggia dei Mercanti, costruita dalla Corporazione della Lana a ridosso della chiesa come spazio per esporre le merci. La faccia-

eremo di San Marco, incastonato nella roccia di una collina a sud del capoluogo, raggiungibile in auto da quest'ultimo in 15 minuti.

Chiesa di San Francesco

piazza del Popolo, Ascoli
⊕ tutti i giorni 6.30-12
e 15.15-18.45

La piazza assunse l'aspetto odierno all'inizio del Cinquecento, quando per nascondere le disordinate botteghe artigiane e raccordare fra loro gli edifici di epoca medievale che vi sorgevano venne edificato un portico che abbellisce ancora oggi que-

Il palazzo dei Capitani del Popolo nell'omonima piazza.

La chiesa di San Francesco.

I portici di piazza del Popolo.

La loggia dei Mercanti e l'ingresso della chiesa di San Francesco.

La chiesa e il chiostro di San Francesco in via del Trivio.

Il portale gotico della chiesa di San Francesco con le caratteristiche colonnine incavate.

L'interno della chiesa di San Francesco.

Rappresentazione di san Francesco con la Vergine conservata nella sacrestia dell'omonima chiesa.

ta principale non si trova sulla piazza, ma in via del Trivio, e presenta tre portali in stile gotico-veneziano. Il portale maggiore, incorniciato da cinque file sovrapposte di colonnine, presenta una curiosità: mentre le cinque file superiori sono decorate, quelle inferiori sono lisce e in basso presentano caratteristiche incavature che, se percosse, producono dei suoni. Proseguendo lungo via del Trivio si incontra il chiostro maggiore, oggi aperto sulla pubblica via e sede di un mercato delle erbe che si anima tutte le mattine. L'interno della chiesa è maestoso, ma non ospita opere di grande rilievo artistico, a parte un crocifisso ligneo del Quattrocento.

Chiesa di Santa Maria delle Donne

via Dandolo, Ascoli
🕐 visita su appuntamento;
http://santamariadelledonne.it

Questa chiesetta unica nel suo genere sorse nel 1233 insieme a un monastero, fuori dalle mura cittadine: il culto di san Francesco e santa Chiara, infatti, si era diffuso rapidamente ed era necessario costruire un luogo dove poter ospitare le clarisse. Le suore vi rimase-

La chiesa di Santa Maria delle Donne.

ro per tre secoli, fino al 1535, quando furono trasferite dal vescovo all'interno delle mura cittadine, luogo considerato più sicuro rispetto all'aperta campagna in cui si trovava il monastero. Nel 1866 l'edificio passò al demanio e nel 1875 fu acquistato dalla famiglia Merli, che nel 1957 lo restaurò per riaprirlo al culto. Oggi il convento non esiste più (sul fianco della chiesa si notano ancora i segni del distacco delle sue mura dal corpo dell'edificio) ed è di proprietà privata,

Chiesa di Santa Maria delle Donne: l'interno e il ciborio affrescato al piano superiore.

Particolare degli affreschi del ciborio: *Madonna con Bambino e i santi Francesco e Chiara*.

Santa Maria delle Donne, particolare degli affreschi del ciborio.

Santa Maria delle Donne,
altri particolari del ciborio.

quindi per visitarne l'interno, davvero caratteristico, è necessario prendere contatti con il proprietario (Giulio Saladini di Rovetino, tel. 331 3302299).

Alla semplice facciata romanica di travertino fa da contrappunto un interno piuttosto insolito, suddiviso su due piani, oggi collegati da una scala: quello superiore era dedicato alle suore, che vi accedevano direttamente dal monastero, mentre quello inferiore era destinato ai fedeli. Al piano superiore sorge inoltre un sorprendente ciborio quattrocentesco affrescato con immagini di santi, in particolare di Chiara e Francesco, e anche al piano inferiore si notano le

tracce di un affresco ancora più antico (una *Madonna con il Bambino*), risalente probabilmente all'epoca della fondazione.

Chiesa e convento di San Francesco

via del Castello, Venarotta (AP)

Questo piccolo complesso religioso è situato su un poggio isolato e tranquillo, non lontano dal paese di Venarotta, immerso in un dolce panorama di campi e colline. Da Ascoli è raggiungibile in automobile in circa 20 minuti prendendo la SS4 in direzione nord e poi la Provinciale 93 Venarottese.

Secondo alcuni storici, prima della visita del frate ad Ascoli nel 1215, qui sorgeva un eremo benedettino che pochi anni dopo fu abitato dai francescani. Secondo altri fu il santo stesso a fondare la chiesa e il convento, e a testimonianza del fatto riportano gli scritti del 1737 dell'abate locale Pietro Emidio Massini: «La chiesa di S. Francesco fu fondata da S. Francesco istesso, *"ut ab antiquis traditur"*. Da notizie e congetture si deduce che sia stata fabbricata nel 1220 incirca». Comunque siano andate le cose, è certo che alcune parti della struttura risalgono al XIII

Lunetta della chiesa di San Francesco a Venarotta.

La chiesa del convento di San Francesco presso Venarotta.

secolo, perché durante i primi restauri negli anni Novanta del secolo scorso sono stati ritrovati due stilobati (blocchi di pietra su cui poggiano i colonnati) risalenti a quel periodo, e che il convento di Venarotta fu tra i primi che risultano attestati pochi decenni dopo la morte del santo. Nel 1289, infatti, papa Niccolò IV, francescano e ascolano, inviò a tutti i conventi francescani di Ascoli (compreso quello di Venarotta) un frammento ligneo della croce di Cristo, che fu inserito in una croce d'argento e, più tardi (nel 1585), in un reliquiario donato da papa Sisto V. Nel 1652 il convento, da cui gli ultimi due frati si erano trasferiti due anni prima, fu soppresso da papa Innocenzo X, ma una quindicina di anni più tardi divenne abbazia. Fu poi soppresso definitivamente e conferito al demanio nel 1885 e da allora è lentamente caduto in rovina, fino ai restauri degli ultimi anni Novanta che lo hanno riportato all'antica bellezza e semplicità francescana.

Eremo di San Marco

**raggiungibile a piedi
da località Piagge, Ascoli**
⊕ informarsi sull'accessibilità
presso lo IAT di Ascoli

Questo splendido eremo rupestre che pare appeso alla roccia sorge sullo stesso Colle San Marco sul quale i trenta giovani ascolani che si convertirono nel 1215 si ritirarono per seguire la Regola. Non sappiamo con certezza presso quale struttura si trasferirono: forse il convento di San Lorenzo alle Piagge, oggi in rovina, forse la chiesetta di Santa Maria Maddalena, non più esistente. Fatto sta che iniziarono il loro cammino di devozione all'ombra del colle sul quale sorge l'eremo, che può quindi diventare una tappa del nostro viaggio sulle tracce di san Francesco.

Ancora oggi, come ai tempi del santo, questo edificio è raggiungibile soltanto a piedi: per arrivare al punto di partenza della passeggiata bisogna uscire dal centro di Ascoli dirigendosi a sud, verso Colle San Marco, e parcheggiare presso il cimitero della frazione Piagge. Da qui, una camminata di circa 20 minuti lungo un sentiero sassoso immerso nel bosco vi condurrà in vista dell'eremo (sono consigliabili le scarpe da ginnastica).

L'eremo fu fondato dai cistercensi pochi anni prima della venuta di Francesco ad

Ascoli Piceno vista dall'eremo di San Marco.

Facciata dell'eremo di San Marco.

Ascoli e abitato fino al 1387 quando, a causa della decadenza morale dei monaci, fu soppresso e passò agli Sgariglia di Ascoli, che fecero costruire la torre campanaria e lo trasformarono nella chiesa di Piagge. Quando nel 1474 fu costruita la chiesa di San Bartolomeo, più vicina all'abitato e più facile da raggiungere, quella dell'eremo cadde in disuso e fu abbandonata. Oggi sono in corso importanti lavori di ristrutturazione che dovrebbero restituire il romitorio al suo antico splendore.

VISITE DI APPROFONDIMENTO

Le visite che vi proponiamo in questo paragrafo vi permetteranno di scoprire due capolavori della pittura sacra che vale la pena ammirare. Di epoche e stili molto diversi, sono entrambi conservati presso edifici del centro storico di Ascoli.

Chiesa di San Gregorio Magno

piazza San Gregorio, Ascoli
🕐 aperture saltuarie, soprattutto estive; se chiusa, rivolgersi all'Ufficio di arte sacra e beni culturali della Curia, in piazza Arringo 10, tel. 0736 252883

La chiesa di San Gregorio Magno.

All'interno di questa chiesa, sul secondo pilastro della parete sinistra, si trova un prezioso affresco realizzato intorno al 1290, di autore ignoto, raffigurante *San Francesco che predica agli uccelli*. Si tratta di un'opera di grande valore perché è una delle rappresentazioni più antiche di questo episodio della vita del santo, secondo alcuni studiosi addirittura la prima. Nell'affresco il santo si rivolge a quattro uccelli mentre ai suoi piedi un fedele, forse il committente, gli stringe le vesti.

La chiesa è degna di nota anche perché sorta sui resti di un tempio romano, risalente al periodo fra il I secolo a.C. e il I secolo d.C., di cui si vedono ancora le colonne corinzie sulla facciata. Il tempio pagano fu convertito in chiesa nel XIII secolo, trasformando in abside la nicchia che accoglieva la statua della divinità.

Pinacoteca civica

piazza Arringo, Ascoli
🕐 1° ottobre-31 marzo: martedì-venerdì 10-17, sabato e domenica 10-19; 1° aprile-30 settembre: tutti i giorni 10-19

Carlo Crivelli, *Polittico di Ascoli*, cattedrale di Sant'Emidio, Ascoli.

All'interno del palazzo dell'Arengo è ospitata la pinacoteca che custodisce una grande tela di Tiziano (1490-1576), un tempo collocata nella chiesa cittadina dedicata al santo. Si tratta di *San Francesco riceve le stimmate* e fu commissionata dal prelato Desiderio Guidoni (1530 ca.-1593), ritratto in basso a destra nel quadro in atteggiamento di preghiera. Gli esperti di storia dell'arte collocano la data di realizzazione dell'opera verso la fine del decennio dei Sessanta, sia perché venne realizzata per un altare della chiesa di San Francesco, commissiona-to sempre da Guidoni e ultimato nel 1561, sia per le pennellate spesse che la caratterizzano, tipiche della produzione più tardiva di Tiziano. Il dipinto presenta un elemento caratteristico che si discosta dall'iconografia classica: il santo riceve infatti le stimmate non dal crocifisso con ali da cherubino che si vede in genere rappresentato in questo tipo di opere, ma dal Cristo risorto.

Tra gli altri pezzi di spicco del museo, segnaliamo il piviale (o cappa) ricamato nel XIII secolo da monaci inglesi per Niccolò IV (1227-1292), il primo Papa francescano e

41

ascolano, che nel 1288 lo donò al duomo cittadino. I monaci, rigorosamente uomini, impiegarono trent'anni a intessere il piviale di pietre preziose, oggi purtroppo sparite perché in passato il manufatto è stato trafugato e spogliato. Meritano una visita anche i due trittici di Carlo Crivelli, pittore del *Polittico di Ascoli* conservato nel duomo di Sant'Emidio, e le opere di Cola dell'Amatrice e Guido Reni.

Altro da vedere in città

- **Cattedrale di Sant'Emidio**, piazza Arringo 10 | ⊕ tutti i giorni 8-12 e 16-20.
- **Palazzo dei Capitani del Popolo**, piazza del Popolo | ⊕ tutti i giorni 8.30-13.30; martedì e giovedì anche 15.30-17.30.
- **Tempietto di Sant'Emidio alle grotte**, via Carso. Per le visite, contattare lo IAT.
- **Forte Malatesta**, via delle Terme 6. Ospita il museo dell'Alto Medioevo | ⊕ martedì-domenica 10-19.
- **Musei della Cartiera papale**, via della Cartiera 1 | ⊕ sabato, domenica e festivi 10.30-12.30 e 16-18.

Il santo nell'arte: iconografia di Francesco

Nelle raffigurazioni artistiche del passato ogni santo veniva rappresentato con uno o più elementi specifici (animali, vegetali, oggetti, abiti) che permettevano alla massa di fedeli analfabeti di riconoscere senza alcun dubbio il soggetto: pur non sapendo leggere e scrivere, infatti, il popolo conosceva benissimo le storie dei santi ed era in grado di cogliere i riferimenti di cui le opere d'arte erano disseminate. Oggi la situazione si è rovesciata: sappiamo tutti leggere, ma il linguaggio

Una rappresentazione di san Francesco (il secondo da sinistra) nell'omonima chiesa ascolana.

dell'iconografia è lontano dalla nostra cultura, perché non conosciamo le vite dei santi così a fondo da poter individuare gli elementi simbolici che ci permetterebbero di identificarli.

Con le raffigurazioni di Francesco, però, non dovrebbero esserci difficoltà: i suoi attributi principali, che ricorrono in tutte le opere, sono le stimmate a mani e piedi, la tonsura (che indicava lo stato di religioso) e il saio legato da un cordone con tre o cinque serie di nodi. Un elemento singolare che compare talvolta in relazione al santo è il crocifisso con ali da serafino: è l'immagine della visione che Francesco ebbe sul monte della Verna quando ricevette le stimmate. Talvolta il santo è in compagnia dei suoi frati oppure ritratto con gli animali: sono celebri le raffigurazioni della predica agli uccelli o dell'episodio del lupo di Gubbio.

I miracoli

Nel *Trattato dei miracoli* (IV, FF 1286) viene ricordata la vicenda di un frate ascolano che scampò la morte invocando il nome di san Francesco:

Un frate di nome Bonaventura stava attraversando un lago con due altre persone, quando nella barca si produsse una falla. L'acqua si rovesciò impetuosamente dentro la barca, che andò a fondo, trascinando con sé il frate e i suoi compagni. Ma poiché dal fondo della tetra fossa essi invocavano con molta fiducia il misericordioso padre Francesco, improvvisamente la barca risalì a galla e, con il Santo al timone, raggiunse felicemente il porto. Così anche un frate di Ascoli, caduto nel fiume, ne fu liberato per i meriti di san Francesco.

Panorama di Sarnano.

Convento di San Liberato

Carsoducci

SP157

SP157

Terro di Sotto

Grotta
di Soffiano

Terro di Sopra

100 m

Sarnano e dintorni

Questo paesino collinare è situato nella provincia di Macerata e immerso in un paesaggio bucolico che fa da sfondo, oggi come ai tempi di Francesco, alla vita tranquilla dei suoi abitanti. Passeggiare per le stradine medievali del centro ci riporta indietro nel tempo, all'epoca in cui il mezzo di trasporto più diffuso non era l'automobile, ma al massimo il mulo. In questo paese, oggi non molto noto al grande pubblico, si sono svolti episodi miracolosi della vita del santo che vale la pena riscoprire.

All'epoca di Francesco, questo piccolo borgo sorgeva già

I caratteristici vicoli di Sarnano.

si rivelerà importante anche per i suoi legami con la storia del Poverello.

Il paese fu cinto da mura che dovevano difenderlo da eventuali attacchi esterni e ottenne l'autonomia di Comune nel 1265. Conserva ancora oggi il suo assetto medievale, con le vie strette realizzate in mattoncini e un paio di suggestive chiese trecentesche, tra cui quella dedicata al santo.

I LUOGHI DEI FIORETTI

da alcuni secoli sulla cima di una collinetta. Come molti altri insediamenti agricoli, era alle dipendenze del signore della zona, un membro della famiglia dei Brunforte, dinastia che

Alcuni storici identificano nella "Rocca di Brizio", nominata nella *Leggenda perugina*, una fortificazione di proprietà della famiglia dei Brunforte che sorgeva a breve distan-

Sarnano vista dall'alto.

Come arrivare. Da Ascoli si raggiunge Sarnano (MC) in un'ora di auto imboccando la Statale 4 in direzione ovest e proseguendo poi sulla Provinciale 237 fino a immettersi nella 78.

Dove parcheggiare. È possibile raggiungere il centro storico in auto e parcheggiare nella grande piazza da cui si può ammirare il panorama delle colline circostanti.

Informazioni turistiche. IAT, largo Ricciardi | ⏰ lunedì-sabato 9-13 e 15-18 | Tel. 0733 657144.

Ospitalità religiosa. La casa per gruppi "Angolo di Paradiso", di proprietà della parrocchia del Santissimo Crocifisso di Villa Potenza (MC) offre la possibilità di essere ospitati in autogestione a soli 450 m dal convento di San Liberato, in Contrada Vallato 51 (località San Liberato) – 62026 San Ginesio (MC). Informazioni e contatti su www.angolodiparadiso.org

za dal paese di Sarnano. Qui Francesco avrebbe predicato e poi fatto costruire un convento, denominato "di Roccabruna", i cui resti sono ancora oggi visibili, anche se ormai inglobati in una casa privata che sorge in aperta campagna. Non lontano da lì si trova inoltre la grotta di Soffiano che, come racconta l'autore dei *Fioretti*, ospitò gli eremiti francescani Umile e Pacifico.

Ex chiesa e convento di Roccabruna

contrada Campanotico, Sarnano
oggi di proprietà privata

Per raggiungere quel che resta di Roccabruna, uscite da Sarnano proseguendo sulla Statale 78 fino a trovare, dopo poco più di un chilometro, Contrada Campanotico sulla sinistra. L'ex convento è riconoscibile perché conserva ancora il piccolo campanile, e nelle vicinanze sorge l'antica chiesetta; le due strutture non sono però visitabili, in quanto di proprietà privata, e nel tempo hanno subito numerosi ritocchi.

La data di costruzione del convento e della chiesa di Roccabruna non è attestata nelle fonti antiche, ma è certo che Fidesmido di Brunforte, nel suo testamento del 1250, raccomandò agli eredi di avere cura del convento e dei suoi frati, segno che pochi anni dopo la morte di Francesco il luogo era già abitato da una comunità di suoi discepoli. I francescani vi

47

Il convento di Roccabruna oggi.

rimasero solo fino al 1327: dopo aver subito alcuni furti e atti di vandalismo, infatti, per motivi di sicurezza si trasferirono a Sarnano, di fronte alla porta Brunforte, dove costruirono un altro convento e una chiesa dedicata a San Francesco (➜ Visite di approfondimento).

Nella *Leggenda perugina* (FF 1645) Roccabruna è denominata Rocca di Brizio e nei suoi paraggi si svolse un episodio che mette in luce il profondo rispetto di Francesco per tutte le persone e la sua severità nei confronti dei discepoli, ai quali cercava di insegnare un profondo senso di umiltà:

Essendo andato Francesco in un eremo presso Rocca di Brizio, allo scopo di predicare agli abitanti della zona, un giorno che doveva tenere il sermone, ecco venire a lui un poverello in cattiva salute. Al vederlo, indugiò nel considerare l'indigenza e la infermità di lui e, mosso a compassione, prese a parlare accoratamente al suo compagno di quella nudità e malattia. Gli rispose il compagno: "Fratello, è vero che costui è assai povero, ma in tutta la contrada non c'è forse un uomo più ricco di lui nel desiderio". Francesco lo rimproverò di aver parlato male, e il compagno confessò la sua colpa. E il Santo: "Vuoi fare la penitenza che ti dirò?". Rispose: "Volentieri".

Disse Francesco: "Va', spogliati della tonaca e presentati nudo dinanzi a quel mendico, gettati ai suoi piedi e digli che hai peccato contro di lui, disprezzandolo. Gli dirai che preghi per te affinché il Signore ti perdoni".

Andò il compagno ed eseguì quanto gli era stato ordinato. Ciò fatto, si rimise la veste e tornò dal Santo. Gli disse Francesco: "Vuoi che ti dica come hai peccato contro di lui o meglio contro Cristo? Ecco: quando vedi un povero, devi considerare colui in nome del quale viene, Cristo cioè, fattosi uomo per prendere la nostra povertà e infermità. Nella povertà e nella malattia di questo mendicante dobbiamo scorgere con amore la povertà e infermità del Signore nostro Gesù Cristo, le quali egli portò nel suo corpo per la salvezza del genere umano".

Fin qui la testimonianza delle fonti antiche; secondo una leggenda che si tramanda da secoli nella zona, tuttavia, presso il convento di Roccabruna si

Autore marchigiano del XVII secolo, *L'Immacolata con santo vescovo, san Francesco d'Assisi e devoti oranti*, Pinacoteca di Sarnano.

svolse anche un altro fatto di grande rilevanza per Sarnano. Dal momento che era scoppiata una lite tra i rappresentanti del popolo e i feudatari dei castelli vicini (Brunforte, Poggio, Castelvecchio, Bisio e Piobbico) per la scelta dell'effigie da collocare sullo stemma del Comune, fu lo stesso Francesco, che si trovava sul posto, a mettere tutti d'accordo suggerendo l'immagine di un serafino con sei ali (lo stes-

49

so che gli apparse alla Verna quando ricevette le stimmate) e disegnandola a terra con il cordone del saio. L'episodio è ricordato in una tela conservata nella Pinacoteca di Sarnano (➔ Visite di approfondimento) e naturalmente nello stemma del Comune, che ancora oggi, accanto alla croce, riporta l'effigie di un serafino.

Vale infine la pena di ricordare che il presunto autore dei *Fioretti*, frate Ugolino da Montegiorgio, avrebbe composto la sua opera proprio mentre si trovava al convento di Roccabruna.

☞ **DA NON PERDERE**

Fra i luoghi da visitare nei dintorni di Sarnano segnaliamo la suggestiva grotta di Soffiano, che ci permette di immaginare come e dove potesse svolgersi la vita dei francescani che nella prima metà del Duecento si ritiravano in eremitaggio in luoghi isolati e impervi. Non lontano dalla grotta, sorge inoltre il convento di San Liberato, che prende il nome da un frate che visse da eremita a Soffiano.

Entrambe le località sono raggiungibili in pochi minuti

di auto da Sarnano, ma per accedere alla grotta è necessario mettere in conto una passeggiata di circa un'ora (partendo dal convento di San Liberato) o di 20 minuti (dalla fine della strada sterrata che conduce alla grotta).

Grotta di Soffiano

pressi del convento di San Liberato, località San Liberato (MC)

Per raggiungere la grotta di Soffiano è necessario dirigersi a nord di Sarnano, immettersi sulla Provinciale 157 e raggiungere il santuario di San Liberato (occorrono circa 10 minuti da Roccabruna e 15 da Sarnano). Qui potete parcheggiare e dirigervi a piedi verso la grotta, che raggiungerete dopo circa un'ora di cammino, seguendo le indicazioni. In alternativa, se preferite accorciare la passeggiata, da San Liberato potete tornare indietro, svoltare a sinistra all'incrocio in direzione di Sarnano e poi subito a destra su una sterrata. Parcheggiate alla fine della strada bianca e raggiungerete le grotte in 20 minuti a piedi.

Il luogo, alla fine del sentiero, appare completamente isolato

La grotta di Soffiano.

e gli unici suoni che giungono sono lo sciabordio delle acque del rio Terrò che scorre nel fondovalle e i cinguettii degli uccelli. Oggi, al riparo di un'alta grotta, rimangono i resti delle antiche mura del convento e della chiesetta.

Nel 1101 il capostipite dei Brunforte donò questo remoto sito ad alcuni frati che vi si ritirarono in eremitaggio e costruirono una chiesetta dedicata a San Lorenzo Illuminatore. Ai tempi della predicazione di san Francesco, il luogo divenne la casa di Umile e Pacifico, due discepoli del frate, come si narra nei *Fioretti* (capitolo 46, FF 1886):

Nella detta provincia della Marca, dopo la morte di santo Francesco, furono due fratelli nell'Ordine; l'uno ebbe nome frate Umile e l'altro ebbe nome frate Pacifico; li quali furono uomini di grandissima santità e perfezione: e l'uno, cioè frate Umile, stava in nel luogo di Soffiano ed ivi si morì, e l'altro istava di famiglia in uno altro luogo assai lungi da lui. Come piacque a Dio, un dì frate Pacifico, istando in orazione in luogo solitario, fu ratto in estasi e vide l'anima del suo fratello Umile andare in cielo diritta, senza altra ritenzione o impedimento; la quale allora si partia del corpo.

51

Avvenne che poi, dopo molti anni, questo frate Pacifico che rimase, fu posto di famiglia nel detto luogo di Soffiano, dove il suo fratello era morto. In questo tempo li frati, a petizione de' signori di Bruforte, mutarono il detto luogo in un altro; di che, tra l'altre cose, eglino traslatarono le reliquie de' santi frati ch'erano morti in quello luogo. E venendo dalla sepoltura di frate Umile, il suo fratello frate Pacifico sì prese l'ossa sue e sì le lavò con buono vino e poi le rinvolse in una tovaglia bianca e con grande reverenza e divozione le baciava e piagneva; di che gli altri frati si maravigliavano e non aveano di lui buono esempio, imperò che essendo egli uomo di grande santità, parea che per amore sensuale e secolare egli piagnesse il suo fratello, e che più divozione egli mostrasse alle sue reliquie che a quelle degli altri frati ch'erano stati non di minore santità che frate Umile, ed erano degne di reverenza quanto le sue.

E conoscendo frate Pacifico la sinistra immaginazione de' frati soddisfece loro umilmente e disse: "Frati miei carissimi, non vi maravigliate se alle ossa del mio fratello io ho fatto quello che non ho fatto alle altre; imperò che, benedetto sia Iddio, e' non mi ha tratto, come voi credete, amore carnale; ma ho fatto così, però che quando il mio fratello passò di questa vita, orando io in luogo diserto e remoto da lui, vidi l'anima sua per diritta via salire in cielo, e però io son certo che le sue ossa sono sante e debbono essere in paradiso. E se Iddio m'avesse conceduta tanta certezza degli altri frati, quella medesima reverenza avrei fatta alle ossa loro". Per la quale cosa li frati, veggendo la sua santa e divota intenzione, furono da lui bene edificati e laudarono Iddio, il quale fa così maravigliose cose a' santi suoi frati.

A laude di Gesù Cristo e del poverello Francesco. Amen.

Convento di San Liberato

località San Liberato, San Ginesio (MC)

Posto a 750 metri di altezza in mezzo ai fitti boschi del monte Ragnolo, questo convento porta il nome di un altro francescano degli inizi. Alcuni studiosi ritengono che il frate descritto nel capitolo 47 (FF 1887) dei *Fioretti*, nel quale si racconta di un discepolo di Francesco che visse e morì in odore di santità a Soffiano, sia san Liberato:

Il convento di San Liberato.

Nel soprannominato luogo di Soffiano fu anticamente un frate Minore di sì grande santità e grazia, che tutto parea divino e spesse volte era ratto in Dio. Istando alcuna volta questo frate tutto assorto in Dio ed elevato, però ch'avea notabilmente la grazia della contemplazione, veniano a lui uccelli di diverse maniere e dimesticamente si posavano sopra le sue spalle e sopra il capo e in sulle mani, e cantavano meravigliosamente. Era costui molto solitario e rade volte parlava, ma quando era domandato di cosa veruna, rispondea sì graziosamente e sì saviamente che parea piuttosto agnolo che uomo, ed era di grandissima orazione e contemplazione, e li frati l'aveano in grande reverenza.

Compiendo questo frate il corso della sua virtuosa vita, secondo la divina disposizione infermò a morte, intanto che nessuna cosa potea prendere, e con questo non volea ricevere medicina nessuna carnale, ma tutta la sua confidenza era nel medico celestiale Gesù Cristo benedetto e nella sua benedetta Madre; dalla quale egli meritò per divina clemenza d'essere misericor-

53

diosamente visitato e medicato. Onde standos'egli una volta in sul letto disponendosi alla morte con tutto il cuore e con tutta la divozione, gli apparve la gloriosa vergine Maria madre di Cristo, con grandissima moltitudine d'agnoli e di sante vergini, con maraviglioso splendore, e appressossi al letto suo. Ond'egli raguardandola prese grandissimo conforto e allegrezza, quanto all'anima e quanto al corpo, e cominciolla a pregare umilmente ched ella prieghi il suo diletto Figliuolo che per li suoi meriti il tragga della prigione della misera carne. E perseverando in questo priego con molte lagrime, la vergine Maria gli rispuose chiamandolo per nome: "Non dubitare, figliuolo, imperò ch'egli è esaudito il tuo priego, e io sono venuta per confortarti un poco, innanzi che tu ti parta di questa vita".

Erano allato alla vergine Maria tre sante vergini, le quali portavano in mano tre bossoli di lattovaro di smisurato odore e suavità. Allora la Vergine gloriosa prese e aperse uno di quelli bossoli, e tutta la casa fu ripiena d'odore; e prendendo con uno cucchiaio di quello lattovaro, il diede allo infermo, il quale sì tosto come l'ebbe assaggiato, lo

infermo sentì tanto conforto e tanta dolcezza, che l'anima sua non parea che potesse stare nel corpo; ond'egli incominciò a dire: "Non più, o santissima Madre vergine benedetta, o medica benedetta e salvatrice della umana generazione; non più, ch'io non posso sostenere tanta suavità". Ma la pietosa e benigna Madre pure porgendo ispesso di quello lattovaro allo infermo e facendogliene prendere, votò tutto il bossolo. Poi, votato il primo bossolo, la Vergine beata prende il secondo e mettevi dentro il cucchiaio per dargliene; di che costui dolcemente si rammarica dicendo: "O beatissima Madre di Dio, o se l'anima mia è quasi tutta liquefatta per l'odore e suavità del primo lattovaro, come potrò io sostenere il secondo? Io ti priego, benedetta sopra tutti li santi e sopra tutti gli agnoli, che tu non me ne vogli più dare". Risponde la gloriosa donna: "Assaggia, figliuolo, pure un poco di questo secondo bossolo". E dandogliene un poco dissegli: "Oggimai, figliuolo, tu ne hai tanto che ti può bastare. Confortati, figliuolo, che tosto verrò per te e menerotti al reame del mio Figliuolo, il quale tu hai sempre desiderato e cercato".

E detto questo, accomiatandosi da lui si partì, ed egli rimase sì consolato e confortato per la dolcezza di questo confetto, che per più dì sopravvivette sazio e forte senza cibo nessuno corporale.

E dopo alquanti dì, allegramente parlando co' frati, con grande letizia e giubilo passò di questa misera vita.

A laude di Gesù Cristo e del poverello Francesco. Amen.

Secondo fra Mariano da Firenze, vissuto nel XV secolo, san Liberato era un membro della potente famiglia di Brunforte, nato nella prima metà del Duecento a Loro Piceno, che si fece frate e compì tanti e tali miracoli e opere pie che dopo la sua morte, avvenuta nel 1258, gli venne intitolato un convento. Si tratta appunto del convento di San Liberato, fondato dai signori di Brunforte nel 1274 per ospitare i francescani in un luogo più salubre rispetto alle grotte. Quelli che vi si trasferirono portarono con sé anche i resti dei confratelli morti all'eremo, tra cui Umile, Pacifico e san Liberato, e li seppellirono nella nuova sede, dove divennero oggetto di devozione popolare.

VISITE DI APPROFONDIMENTO

Tornando nel centro storico di Sarnano, è possibile rintracciare lungo la via Leopardi ben tre luoghi legati alla memoria di San Francesco: la chiesa e l'ex convento costruiti dopo l'abbandono di Roccabruna da parte dei francescani, e la pinacoteca che, ospitata nell'ex monastero delle clarisse, conserva un dipinto che raffigura san Francesco nell'atto di disegnare lo stemma comunale del paese.

Chiesa e convento di San Francesco

via Giacomo Leopardi, 1 Sarnano (MC)

La chiesa e il convento costruiti per ospitare i francescani che avevano lasciato Roccabruna sorgono su una strada in salita e furono inaugurati probabilmente nel 1332, perché il vescovo di Camerino concesse 40 giorni di indulgenze alla chiesa francescana. Dell'epoca della costruzione i due edifici conservano soltanto l'aspetto esteriore: l'ex convento ospita infatti il municipio di Sarnano fin dal 1872, mentre gli interni della chiesa sono stati completamente ri-

La chiesa di San Francesco.

Una raffigurazione di san Francesco nell'omonima chiesa di Sarnano.

Gli interni della chiesa di San Francesco.

L'ex convento di San Francesco.

L'ingresso della pinacoteca,
già convento delle clarisse.

strutturati fra il 1822 e il 1833, come si legge su un'iscrizione posta sull'architrave del portale, che reca la data di conclusione dei lavori. In quel periodo la chiesa medievale, che com'era tipico del periodo aveva pareti in mattoncini e copertura a capriate in legno, venne rialzata di 4 metri e ridecorata in stile neoclassico, con colonne pseudo-ioniche a sorreggere la volta.

Pinacoteca comunale

**via Giacomo Leopardi, 179
Sarnano (MC)**
🕐 ottobre-giugno: sabato, domenica e festivi 10-12 e 16-18.30; luglio-settembre: sabato, domenica e festivi 10-12 e 16.30-19.30, lunedì-venerdì 16.30-19.30.
Tel. 0733 659911 e 339 5886927

La pinacoteca comunale è doppiamente significativa ai fini del nostro viaggio sulle tracce di san Francesco: prima di tutto sorge all'interno dell'edificio che in origine ospitava il locale convento delle clarisse; il piano della pinacoteca, in particolare, è quello che meglio conserva le caratteristiche dell'antico monastero femminile, ad esempio il corridoio settecentesco voltato a botte e scandito da lesene. In secondo

57

Arcate originali dell'ex convento delle clarisse (oggi pinacoteca).

Pietro Procaccini, *San Francesco delinea lo stemma del Comune di Sarnano nella figura di un serafino*, 1646.

Autore marchigiano del XVII secolo, *Immacolata con san Giuseppe, san Francesco d'Assisi, san Biagio e san Benedetto*.

Un'altra rappresentazione di san Francesco custodita nella pinacoteca.

luogo, il museo contiene numerosi dipinti dedicati al santo, compreso quello che racconta la storia dello stemma di Sarnano. Realizzato da Pietro Procaccini, pittore del XVII secolo, questo olio su tela del 1646 si intitola *San Francesco delinea lo stemma del Comune di Sarnano nella figura di un serafino*. Il santo è colto nell'atto di tracciare, con il cordone del saio, l'immagine di un serafino, che compare in rosso sui fogli appoggiati a uno sperone di roccia. Intorno a Francesco, alcune figure ben vestite, i notabili della città, lo guardano meravigliati commentando il prodigio. In basso a sinistra si leggono la firma dell'artista e la data MDCIIIIL (1646).

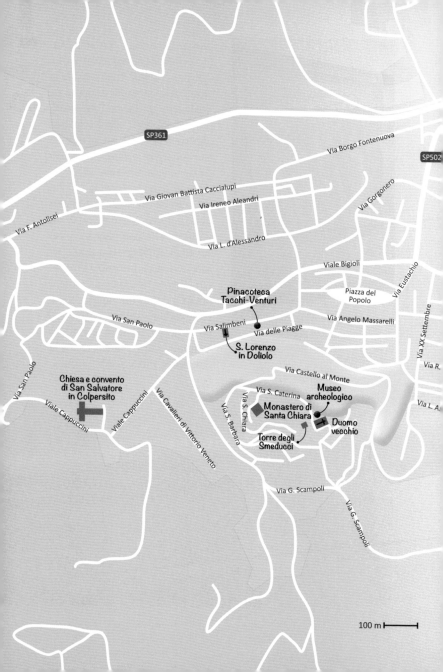

SP361

Via Borgo Fontenuova

SP502

Via Giovan Battista Caccialupi

Via Ireneo Aleandri

Via F. Antolisei

Via L. d'Alessandro

Via Gorgonero

Viale Bigioli

Via Eustachio

Piazza del Popolo

Pinacoteca Tacchi-Venturi

Via San Paolo

Via Angelo Massarelli

Via Salimbeni

Via delle Piagge

S. Lorenzo in Doliolo

Via XX Settembre

Via R.

Via San Paolo

Via Castello al Monte

Chiesa e convento di San Salvatore in Colpersito

Via S. Caterina

Museo archeologico

Viale Cappuccini

Viale Cappuccini

Via Cavalieri di Vittorio Veneto

Via S. Chiara

Via S. Barbara

Monastero di Santa Chiara

Duomo vecchio

Via L. A.

Torre degli Smeducci

Via G. Scampoli

Via G. Scampoli

100 m

San Severino Marche

Situata a metà strada fra il parco dei Monti Sibillini e il mare, San Severino è una bella cittadina arroccata su un colle del Maceratese e dotata di un ricco patrimonio storico-artistico tutto da scoprire. Costruita nel fondovalle dai romani, che la chiamarono *Septempeda*, ebbe nel VI secolo un vescovo al quale la popolazione era devotissima: Severino. Nativo della città, questi rinunciò a una vita nobile e agiata per ritirarsi in solitudine e preghiera sul Monte Nero, divenne vescovo intorno al 540 e morì nel 545, poco prima delle invasioni gotiche. All'arrivo dei barbari, la popolazione di *Septempeda* si rifugiò sul monte dove l'amato vescovo aveva vissuto vita eremitica e fondò una nuova città alla quale diede il nome di San Severino. Qui, nel 944, esisteva già una chiesa, l'attuale Duomo

Panorama di San Severino Marche.

vecchio, destinata a ospitare le spoglie del santo, che nei secoli furono più volte occultate per il timore di invasioni e profanazioni, e poi successivamente ritrovate nei lavori di ristrutturazione dell'edificio. Quando Francesco soggiornò a San Severino, il Duomo vecchio era stato da poco rinnovato e ampliato con l'aggiunta della canonica ed è lecito supporre che il frate lo abbia visitato. Le fonti francescane, però, ci parlano soprattutto dei suoi legami con il convento di Colpersito, dove viveva una comunità religiosa femminile che Francesco visitò in almeno due occasioni, nel 1212 e nel 1221.

Informazioni utili

Come arrivare. Da Sarnano si prosegue verso nord sulla Provinciale 78 e poi sulla 502; nei pressi di Belforte del Chienti si imbocca la Statale 77 verso Tolentino e, all'altezza del paese, si devia sulla Provinciale 127 fino a trovare le indicazioni per San Severino, dove si arriva dopo circa 45 minuti di viaggio.

Dove parcheggiare. È possibile raggiungere in auto tutte le località indicate nella tappa e parcheggiare nelle immediate vicinanze.

Informazioni turistiche. Pro Loco IAT, piazza del Popolo 43 | ⏲ martedì-domenica 9-12.30 e 15.30-19 | Tel. 0733 638414 | E-mail info@prolocossm.sinp.net, prolocossm@comune.sanseverinomarche.mc.it, proloco.ssm@gmail.com | www.prolocossm.sinp.net

Ospitalità religiosa. Foresteria delle clarisse, aperta a gruppi parrocchiali e associazioni (monastero Santa Chiara, via Santa Chiara 2 | Tel. 0733 638401 | E-mail accoglienza@clarissesanseverino.it | www.sorellepoveredisantachiara.it).

ⲧ I LUOGHI DEI FIORETTI

Chiesa e convento di San Salvatore in Colpersito

**viale Cappuccini, 14
San Severino Marche (MC)**
⏲ aperto in occasione della Messa: lunedì-sabato 19, domenica 12; apertura anche su richiesta, telefonando allo 0733 638126 ai padri cappuccini del convento

Posta in cima a un viale alberato scandito dalle stazioni della Via Crucis, la chiesa del convento risale all'XI secolo; di quel periodo conserva ancora oggi le mura, che in alcuni punti raggiungono uno spessore di 1,60 metri, un antico altare in pietra rivestito di legno e il grande crocifisso davanti al quale si può pensare che anche Francesco si sia inginocchiato.

Intorno al 1209, tre anni prima che il frate visitasse Colpersito, qui fu fondato un monastero femminile che ricevette in dotazione un terreno dal marchese d'Este. Inizialmente le consorelle, guidate da una "Priorissa", non appartenevano a un vero e proprio ordine, tanto che nei documenti antichi vengono definite *mulieres Deo dicate* (donne consacrate a Dio) e nelle fonti francescane "re-

cluse". Una di queste suore era parente del celebre trovatore e giullare Guglielmo da Lisciano, detto "il re dei versi", che nel

Interno della chiesa di Colpersito.

Crocifisso della chiesa.

Cappella della Via Crucis che porta a Colpersito.

Pavimento originale del santuario.

La *boiserie* della sacrestia.

Il corridoio dell'antico convento.

1212 andò a trovarla a Colpersito. Qui incontrò Francesco, e il resto ce lo racconta Tommaso da Celano nel capitolo 72 (FF 693) della *Vita seconda*:

Vi era nella Marca d'Ancona un secolare, che dimentico di sé e del tutto all'oscuro di Dio, si era completamente prostituito alla vanità. Era chiamato "il re dei versi", perché era il più rinomato dei cantori frivoli ed egli stesso autore di canzoni mondane. In breve, la gloria del mondo lo aveva talmente reso famoso, che era stato incoronato dall'Imperatore nel modo più sfarzoso.

Mentre camminava così avvolto nelle tenebre e si tirava addosso il castigo avvinto nei lacci della vanità, la pietà divina, mossa a compassione, pensò di richiamare il misero, perché non perisse, lui che giaceva prostrato a terra. Per disposizione della Provvidenza divina, si incontrarono, lui e Francesco, presso un certo monastero di povere recluse. Il Padre vi si era recato per far visita alle figlie con i suoi compagni, mentre l'altro era venuto a casa di una sua parente con molti amici.

La mano di Dio si posò su di lui, e vide proprio con i suoi occhi corporei Francesco segnato in forma di croce da due spade, messe a traverso, molto splendenti: l'una si stendeva dalla testa ai piedi, l'altra, trasversale, da una mano all'altra, all'altezza del petto. Personalmente non conosceva il beato Francesco; ma dopo un così notevole prodigio, subito lo riconobbe. Pieno di stupore, all'istante cominciò a proporsi una vita migliore, pur rinviandone l'adempimento al futuro. Ma il Padre, quando iniziò a predicare davanti a tutti, rivolse contro di lui la spada della parola di Dio. Poi, in disparte, lo ammonì con dolcezza intorno alla vanità e al disprezzo del mondo, e infine lo colpì al cuore minacciandogli il giudizio divino.

L'altro, senza frapporre indugi, rispose: "Che bisogno c'è di aggiungere altro? Veniamo ai fatti. Toglimi dagli uomini, e rendimi al grande Imperatore!".

Il giorno seguente, il Santo lo vestì dell'abito e lo chiamò frate Pacifico, per averlo ricondotto alla pace del Signore. E tanto più numerosi furono quelli che rimasero edificati dalla sua conversione, quanto maggiore era stata la turba dei compagni di vanità.

Godendo della compagnia del Padre, frate Pacifico cominciò ad esperimentare dolcezze, che non aveva ancora provate. Infatti poté un'altra volta vedere ciò che rimaneva nascosto agli altri: poco dopo, scorse sulla fronte di Francesco un grande segno di Thau, che ornato di cerchietti multicolori, presentava la bellezza del pavone.

Nel 1221 Francesco tornò nuovamente a far visita alle suore di Colpersito, stavolta portando in dono una pecorella che gli era stata donata a Osimo, che le donne allevarono e in seguito tosarono per fare una tonaca da donare al frate (per i dettagli di questo episodio, cfr. p. 106). Due anni più tardi il vescovo di Camerino concesse alle "recluse" la facoltà di essere guidate dai frati minori finché fossero rimaste nella loro condizione di povertà, rinunciando ad accrescere i loro beni. Adottarono quindi la *forma vitae* in vigore al monastero di San Damiano di Assisi e divennero damianite o clarisse. Il convento di Colpersito fu completamente abbandonato nel 1458, forse perché ormai cadente dopo i danni subiti alcuni anni prima al passaggio delle truppe sforzesche. Fatto sta che per un lungo periodo venne utilizzato come fienile o stalla e solo la domenica delle Palme del 1576 tornò a ospitare una comunità religiosa, i cappuccini, che vi risiedono ancora oggi. Per una singolare coincidenza, che la gente del posto lesse come un premio divino alla città per avere accolto i frati, quindici giorni dopo il loro insediamento si riscoprirono all'interno del Duomo vecchio i resti di san Severino, occultati nel 1197 per timore di profanazioni e da allora mai più rinvenuti per quasi quattro secoli.

 DA NON PERDERE

Duomo vecchio

**via Santa Caterina,
San Severino Marche (MC)**
🕐 visite a richiesta rivolgendosi al personale del vicino Museo archeologico G. Moretti di via Castello al Monte, aperto ottobre-giugno: sabato, domenica e festivi 10-13 e 15-18; luglio-settembre: martedì-domenica 10-13 e 16-19

Situato a circa un chilometro dal convento di Colpersito e raggiungibile con una passeggiata panoramica che permette di godere della vista delle colline circostanti e dei tetti di San Severino, il Duomo vecchio è una bella struttura nella quale è evidente la commistione dei tanti stili architettonici che si sono succeduti nei secoli. Come dicevamo, i documenti storici attestano la sua esistenza già nel 944, ma nel 1061 il duomo venne ampliato e ricostruito, per poi subire altre importanti modifiche anche nel 1191, pochi decenni prima che Francesco visitasse la cittadina e le sue "recluse". I lavori proseguirono poi dopo il suo passaggio: la facciata infatti è gotica, mentre il chiostro risale al XV secolo. Nel 1586 papa Sisto V elevò la chiesa a cattedrale, e tale rimase fino al 1827, quando cedette il proprio ruolo alla chiesa di Sant'Agostino, guadagnandosi così il nome con il quale è tuttora conosciuta: Duomo vecchio. Al suo interno si conservano però, oggi come un tempo, le spoglie del santo che ha dato il nome alla città.

Il Duomo vecchio sorge all'interno del cosiddetto "Castello", il nucleo antico della cittadina posto sulla sommità del Monte Nero. Dal centro si può accedere a piedi a questa zona varcando la massiccia porta San Francesco, per poi trovarsi davanti alla mole im-

ponente della torre comunale, che dall'alto dei suoi 40 metri domina il paesaggio. Detta anche torre degli Smeducci, dal nome dei capitani di ventura che guidarono San Severino nel Trecento, appare oggi leggermente inclinata. Fu costruita a scopo difensivo, ma nel tempo venne utilizzata anche come prigione e, a causa della sua altezza, per lo scambio di segnalazioni con gli altri presidi militari della zona, come attesta un documento del 1446: tra le spese sostenute dal Comune in quell'anno ce n'è infatti una «*pro oleo pro torculis pro faciendis segnalis notturnis in turrim platee*».

Il chiostro del Duomo vecchio.

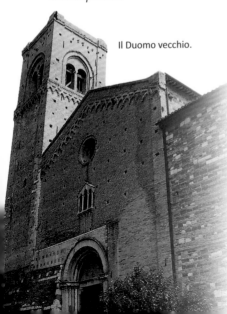

Il Duomo vecchio.

Porta San Francesco.

Il profilo della città antica con la torre degli Smeducci.

📖 VISITE DI APPROFONDIMENTO

Monastero di Santa Chiara

via Santa Chiara, 2
San Severino Marche (MC)
tel. 0733 638401
www.clarissesanseverino.it
Per l'ospitalità religiosa,
➔ box "Informazioni utili"

Abbiamo già accennato alle prime "recluse" di Colpersito che incontrarono san Francesco nel 1212 e 1221 (➔ I luoghi dei Fioretti); vi presentiamo ora anche il monastero di Santa Chiara, situato a pochi passi dal Duomo vecchio, per segnalare il luogo in cui oggi si trova questa comunità re-ligiosa che a San Severino ha radici tanto antiche da risultare la prima presenza delle clarisse in tutte le Marche. Le suore abbandonarono Colpersito nel 1458, rimaste ormai soltanto in quattro, e si trasferirono nel quartiere del Castello, presso la chiesetta di San Marco, dove alcune consorelle già abitavano fin dal 1360. Nel 1519 ricevettero finalmente la Regola di santa Chiara e pochi anni dopo la comunità era tanto fiorente che dovette essere fissato a 40 il numero massimo di suore che poteva accogliere.

L'attuale chiesa, accanto alla quale sorge il monastero di Santa Chiara, risale al 1776 e riporta in facciata una

lunetta con l'immagine della santa, risalente al 1983. Anche un'altra opera moderna, posta all'interno del coro, richiama gli ordini francescani: si tratta di un'icona di *Maria, silente chiostro del Verbo incarnato*, nella quale la Madonna regge nella mano destra il tau, simbolo della redenzione e della croce usato da Francesco, ed è circondata da due serafini, che compaiono nell'episodio delle stimmate descritto da Tommaso da Celano nel capitolo III della *Vita prima* (FF 484):

La chiesa del monastero di Santa Chiara.

L'interno della chiesa.

San Francesco e santa Chiara,
tela custodita nella chiesa.

«Gli apparve un uomo, in forma di Serafino, con le ali, librato sopra di lui, con le mani distese ed i piedi uniti, confitto ad una croce. Due ali si prolungavano sopra il capo, due si dispiegavano per volare e due coprivano tutto il corpo». All'interno della gerarchia celeste i serafini sono gli angeli più ardenti di amore per Dio e lo stesso san Francesco ricevette ben presto l'appellativo di "serafico padre" per il suo ardore di carità.

L'icona di *Maria, silente chiostro del Verbo incarnato*, conservata nel coro.

Crocifisso nei pressi
dell'altare.

Altro da vedere in città e nei dintorni

- **Piazza del Popolo e le vie circostanti.**
- **Pinacoteca comunale Tacchi-Venturi**, via Salimbeni 39. ☉ ottobre-giugno: martedì-domenica 9-13; luglio-settembre: martedì-domenica 9-13 e 16.30-18.30.
- **Basilica di San Lorenzo in Doliolo**, via Salimbeni 71. ☉ aperta in occasione delle Messe (feriali 8, festivi 11).
- **Museo archeologico G. Moretti**, via Castello al Monte. ☉ ottobre-giugno: sabato, domenica e festivi 10.30-13 e 16-19; luglio-settembre: martedì-domenica 10.30-13 e 16-19.
- In circa 45 minuti di auto da San Severino Marche si possono raggiungere le **grotte di Frasassi**. ☉ tutti i giorni, vedi www.frasassi.com

Gruppo scultoreo raffigurante Francesco che incontra una suora di Colpersito e le dona la pecorella.

I miracoli

Nel *Trattato dei miracoli* (capitolo III, FF 1277) Tommaso da Celano ricorda la vicenda di un operaio che lavorava alla costruzione di una chiesa (forse quella di San Francesco al Castello, oggi non più esistente) e che per intercessione del santo sopravvisse a un terribile incidente:

U n fatto analogo avvenne presso San Severino, nella Marca d'Ancona. Una pietra enorme, proveniente da Costantinopoli, veniva trascinata da molti uomini alla basilica di San Francesco, quando all'improvviso scivolò e si abbatté su uno di loro.

Credettero che costui non solo fosse morto, ma totalmente sfracellato. E invece intervenne l'aiuto del beato Francesco, che tenne sollevata la pietra, finché l'uomo, buttando via quel gran peso, saltò fuori sano e salvo, perfettamente illeso.

La *Leggenda perugina* (FF 1570), invece, descrive una visione avuta da frate Pacifico (il "re dei versi" convertito da Francesco a Colpersito) nella quale gli si manifestò la vera natura del santo:

n'altra volta, Francesco andava per la valle di Spoleto ed era con lui frate Pacifico, oriundo della Marca di Ancona e che nel secolo era chiamato "il re dei versi", uomo nobile e cortese, maestro di canto. Furono ospitati in un lebbrosario di Trevi. E disse Francesco al compagno: "Andiamo alla chiesa di San Pietro di Bovara, perché questa notte voglio rimanere là". La chiesa, non molto lontana dal lebbrosario, non era officiata, giacché in quegli anni il paese di Trevi era distrutto e non ci abitava più nessuno. Mentre camminavano, Francesco disse a Pacifico: "Ritorna al lazzaretto, poiché voglio restare solo, qui, stanotte. Verrai da me domani, all'alba". Rimasto solo in chiesa, il Santo recitò la compieta e altre orazioni, poi volle riposare e dormire. Ma non poté, poiché il suo spirito fu assalito da paura e sconvolto da suggestioni diaboliche. Subito si alzò, uscì all'aperto e si fece il segno della croce, dicendo: "Da parte di Dio onnipotente, vi ingiungo, o demoni, di scatenare contro il mio corpo la violenza concessa a voi dal Signore Gesù Cristo. Sono pronto a sopportare ogni travaglio. Il peggior nemico che io abbia è il mio corpo, e voi quindi farete vendetta del mio avversario".

Le suggestioni disparvero immediatamente. E il Santo, facendo ritorno al luogo dove prima si era messo a giacere, riposò e dormì in pace. Allo spuntare del giorno, ritornò da lui Pacifico. Il Santo era in orazione davanti all'altare, entro il coro. Pacifico stava ad aspettarlo fuori del coro, dinanzi al crocifisso, pregando anche lui il Signore.

Appena cominciata la preghiera, fu elevato in estasi (se nel corpo o fuori del corpo, Dio lo sa), e vide molti troni in cielo, tra i quali uno più alto, glorioso e raggiante, adorno d'ogni sorta di pietre preziose. Mentre ammirava quello splendore, prese a riflettere fra sé cosa fosse quel trono e a chi appartenesse. E subito udì una voce: "Questo trono fu di Lucifero, e al suo posto vi si assiderà Francesco". Tornato in sé, ecco Francesco venirgli incontro. Pacifico si prostrò ai suoi piedi con le braccia in croce, considerandolo, in seguito alla visione, come già fosse in cielo. E gli disse: "Padre, perdonami i miei peccati, e prega il Signore che mi perdoni e abbia misericordia di me". Francesco stese la mano e lo rialzò, e comprese che il compagno aveva avuto una visione durante la preghiera. Appariva tutto trasfigurato e parlava a Francesco non come a una persona in carne e ossa, ma come a un santo già regnante in cielo.

Poi, come facendo lo gnorri, perché non voleva rivelare la visione a Francesco, Pacifico lo interrogò: "Cosa pensi di te stesso, fratello?". Rispose Francesco: "Sono convinto di essere l'uomo più peccatore che esista al mondo". Subito una voce parlò in cuore a Pacifico: "Da questo puoi conoscere che la visione che hai avuto è vera. Come Lucifero per la sua superbia fu precipitato da quel trono, così Francesco per la sua umiltà meriterà di esservi esaltato e di assidervisi".

Piazza del Popolo.

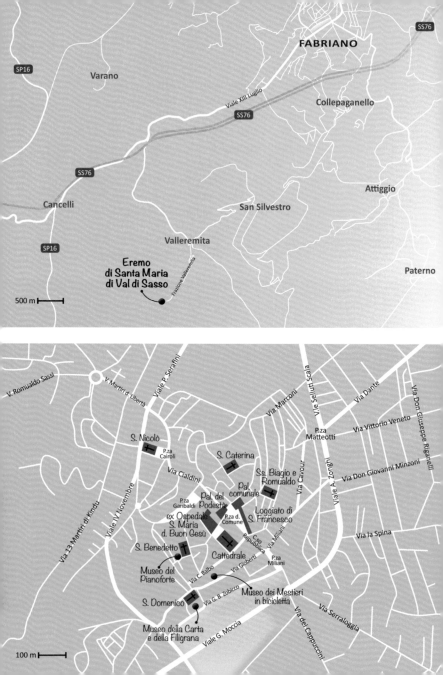

Fabriano e dintorni

Con questa tappa si entra nella terza provincia marchigiana del nostro itinerario: dopo Ascoli Piceno e Macerata, tocchiamo infatti la provincia di Ancona visitando il grazioso centro medievale di Fabriano. Il suo nucleo cittadino cominciò a definirsi a partire dal Mille, ma la massima espansione economico-sociale si raggiunse nel Trecento, quando i Chiavelli divennero signori del luogo. Si deve a questa famiglia la costruzione del palazzo del Comune, ancora oggi visibile nella piazza principale, e la donazione dell'eremo di Val di Sasso ai francescani. Nello stesso periodo ebbe grande

Avvicinandosi a Fabriano.

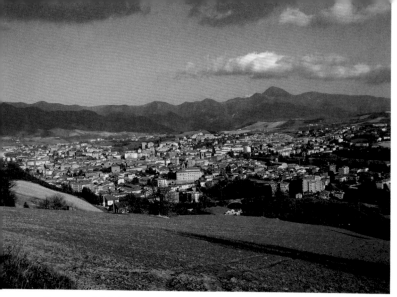

Panorama di Fabriano.

impulso la scuola pittorica locale, grazie alla quale si affermarono artisti come Gentile da
Fabriano (autore del polittico
dell'eremo), Allegretto Nuzio
e Antonio da Fabriano. Accanto alle attività agricole, in città
erano sorte botteghe artigiane
che producevano manufatti di
lana e pelle e lavoravano la carta. Quest'arte si affermò già nel
XIII secolo, quando la carta fi-
ligranata fabrianese cominciò a
essere esportata in tutta Italia e
in Europa, e ancora oggi rimane una delle attività produttive
più importanti del territorio.

Probabilmente questa ac-
cogliente località fu per Francesco la porta di accesso alla
Marca Anconetana, perché venendo dall'Umbria è il primo
luogo che si incontra, sia passando dal territorio di Gubbio,
sia da quello di Gualdo Tadino. Inoltre, anche se le fonti
francescane non citano direttamente Fabriano, in base ad
altri documenti antichi risulta che qui il frate fu ospitato
da un cavaliere del posto, di
nome Guelfolino. Alcuni storici ritengono che questo per-
sonaggio avesse conosciuto
il santo ai tempi della guerra
fra Assisi e Perugia, intorno
al 1202-1203, quando insieme
ad altri fabrianesi era andato

a dare manforte agli assisiati: Francesco a quei tempi conduceva una vita da avventuriero e prese parte alla battaglia, affrontando insieme al fabrianese la disfatta di Collestrada e condividendo con lui e gli altri la successiva prigionia. Il periodo trascorso dal Poverello nella prigione perugina viene così descritto nella *Leggenda dei tre compagni* (capitolo II, FF 1398):

ra Perugia e Assisi si erano riaccese le ostilità, durante le quali Francesco fu catturato con molti suoi concittadini e condotto prigioniero a Perugia. Essendo signorile di maniere, lo chiusero in carcere insieme con i nobili.

Una volta, mentre i compagni di detenzione si abbandonavano all'avvilimento, lui, ottimista e gioviale per natura, invece di lamentarsi, si mostrava allegro. Uno dei compagni allora gli disse che era matto a fare l'allegrone in carcere. Francesco ribatté con voce vibrata: "Secondo voi, che cosa diventerò io nella vita? Sappiate che sarò adorato in tutto il mondo".

Un cavaliere del suo gruppo fece ingiuria a uno dei compagni di prigionia; per questo, gli altri lo isolarono. Soltanto Francesco continuò a essergli amico, esortando tutti a fare altrettanto. Dopo un anno, tra Perugia e Assisi fu conclusa la pace, e Francesco rimpatriò insieme ai compagni di prigionia.

Secondo alcuni storici, i personaggi citati nel brano della *Leggenda* erano appunto i cavalieri fabrianesi di Guelfolino. L'amicizia che legava Francesco a quest'ultimo resistette al passare degli anni e intorno al 1210, quando ormai era diventato "il Poverello di Assisi", il frate tornò a trovare il suo compagno d'armi di un tempo e godette della sua ospitalità. Mancando le fonti documentali, non sappiamo se Guelfolino lo abbia accolto in città, com'è probabile, oppure, come vuole la tradizione, fra le mura dell'eremo di Val di Sasso. A ogni modo, quel che è certo è che nella piazza principale del paese, pochi anni dopo la morte del santo, fu eretta una chiesa a lui dedicata, della quale oggi rimane il bel loggiato, e che l'eremo di Val di Sasso, recentemente restaurato, vale sicuramente una visita per la sua bellezza e la splendida posizione in cui sorge.

Informazioni utili

Come arrivare. Da San Severino Marche si imbocca la Provinciale 361 in direzione di Castelraimondo e una volta giunti in paese si svolta sulla 256 verso Matelica e Cerreto d'Esi; nei pressi di quest'ultima località, un raccordo permette di raggiungere la Statale 76 che conduce al bivio per Fabriano. Il tempo di percorrenza totale è di circa un'ora.

Dove parcheggiare. È possibile parcheggiare in pieno centro, nella piazza del Comune (o piazza Alta) oppure nella spaziosa piazza Garibaldi.

Informazioni turistiche. IAT, piazza del Comune 2 | Tel. 0732 625067 | E-mail iat.fabriano@provincia.ancona.it | www.fabrianoturismo.it. ⊕ estate: martedì-domenica 10-13 e 15-19; inverno: martedì-domenica 10-13 e 14-18.

☞ DA NON PERDERE

Eremo di Santa Maria di Val di Sasso

fraz. Valleremita, Fabriano (AN)
⊕ aperto tutti i giorni in estate, domenica e festivi in inverno

L'eremo di Val di Sasso, eretto probabilmente nel IX secolo, sorge nei pressi delle poche case di Valleremita, in posizione ancora oggi completamente isolata. Lo si raggiunge in un quarto d'ora d'automobile uscendo da Fabriano in direzione sud-ovest; lasciata la strada asfaltata, il percorso prosegue su una sterrata e conduce fino alle porte dell'eremo. Per chi ama le passeggiate è anche possibile arrivarci a piedi: si lascia l'auto all'inizio della sterrata, dove si trova il cartello con la descrizione dell'itinerario, e si imbocca il sentiero che si diparte sulla destra, lungo circa un chilometro e mezzo e con un dislivello di circa 130 metri, percorribile in circa 20 minuti. Per gli appassionati di mountain bike esiste inoltre un percorso ciclo-escursionistico che collega Fabriano a Val di Sasso: le informazioni sono disponibili presso lo IAT cittadino.

Che lo si raggiunga in auto o a piedi, l'eremo è un luogo magico, dove natura e spiritualità si fondono armoniosamente e invogliano a sostare nel silenzio. Anche se il convento, tuttora abitato da alcuni frati, non è accessibile al pubblico, la piccola chiesetta è sempre aperta e nell'oscurità e nella quiete accoglie il visitato-

L'ingresso dell'eremo.

L'eremo.

re e lo invita alla meditazione davanti alla copia dello splendido *Polittico di Valle Romita* di Gentile da Fabriano.

Ai tempi in cui Francesco visitò Fabriano, l'eremo era già da tempo un monastero abitato dalle suore benedettine,

Statua di san Francesco presso l'eremo.

Il portico davanti all'eremo.

che però lo abbandonarono nel tardo Duecento, forse per trasferirsi in un altro luogo più vicino alla città e alle agia-te famiglie da cui proveniva-no. Nel frattempo la presenza francescana si era ampiamente diffusa sul territorio e nel 1344

Scorcio del portico e particolare degli affreschi delle volte.

L'interno della chiesa.

i frati scrissero al legato della Marca per avere in concessione dalle benedettine la chiesa e il monastero di Val di Sasso,

dal momento che, come affermarono, vi aveva soggiornato san Francesco. Ottennero ciò che chiedevano solo nel 1405, quando Chiavello Chiavelli, capitano di ventura e signore fabrianese, acquistò l'eremo per 175 ducati d'oro e lo donò ai minori francescani, chiedendo però di potervi essere poi seppellito insieme alla moglie Lagia. A quegli anni risale anche il *Polittico di Valle Romita*, realizzato da Gentile da Fabriano e probabilmente commissionato dallo stesso Chiavello, con il quale l'eremo inaugurò quello che potremmo definire il suo "secolo d'oro". Nel corso del Quattrocento, in-

81

fatti, questo luogo francescano divenne talmente noto e prestigioso da essere definito "la Porziuncola delle Marche". Vi trovarono accoglienza san Bernardino da Siena (1380-1444), san Giovanni da Capestrano (1386-1456) e san Giacomo della Marca (1393-1476), che a Fabriano fece costruire lo Spedale del Buon Gesù. Il monastero continuò a prosperare ancora per alcuni secoli e venne ampliato, ma subì un grave colpo con l'avvento di Napoleone: fu infatti soppresso nel 1811 e spogliato di tutti i beni. I frati vi rientrarono poco tempo dopo, ma furono nuovamente costretti a lasciare l'eremo in occasione della soppressione (o secolarizzazione dei beni ecclesiastici) del 1861; da allora il luogo rimase disabitato per più di un secolo e solo nel 1965 tornò ad accogliere una piccola comunità francescana. I restauri del 2012 gli hanno restituito la bellezza di un tempo, riportando alla luce ambienti e muri antichi e persino una fontana. Oggi è possibile apprezzare l'imponente struttura che una volta ospitava una comunità numerosa offrendole tutti gli spazi necessari per svolgere le attività di ogni giorno: la preghiera, lo studio e il lavoro.

Il Polittico di Valle Romita di Gentile da Fabriano

Il fabrianese Gentile (ca. 1370-ca. 1427), figlio di Niccolò di Massio, si dedicò alla pittura lavorando presso le numerose corti del suo tempo, tra cui Venezia, Firenze, Milano e Roma, e divenne uno dei più importanti esponenti del gotico internazionale. Oltre al celebre polittico, per la città di Fabriano realizzò almeno un'altra opera: la *Madonna con il Bambino e i santi Niccolò e Caterina e un donatore*, dipinta sul finire del Trecento per la chiesa di San Niccolò e oggi conservata a Berlino.

La copia del polittico di Gentile da Fabriano.

Il *Polittico di Valle Romita* fu probabilmente dipinto intorno al 1410, dopo uno dei soggiorni veneziani di Gentile, perché vi si riscontrano elementi ispirati a Michelino da Besozzo, attivo in quegli anni nella città lagunare. L'opera rimase fino al 1811 sull'altare della chiesa dell'eremo e dopo la soppressione napoleonica fu trasferita alla Pinacoteca di Brera (Milano), dov'è tuttora conservata. A Val di Sasso si trova oggi una sua copia, realizzata nel 1981 da una clarissa del monastero di Verona.

Il polittico raffigura al centro l'incoronazione della Vergine, circondata, da sinistra verso destra, dai santi Girolamo, Francesco, Domenico e Maria Maddalena. Nella parte superiore i pannelli rappresentano (da sinistra a destra) san Giovanni Battista nel deserto, il domenicano san Pietro da Verona che subisce il martirio, sant'Antonio di Padova, san Francesco che riceve le stimmate.

VISITE DI APPROFONDIMENTO

Loggiato di San Francesco

piazza del Comune, Fabriano (AN)

La piazza centrale di Fabriano è detta anche "Alta" perché sopraelevata rispetto a quella bassa o "del Mercato". Si tratta di uno dei luoghi più suggestivi della città, con la celebre fontana Sturinalto, così chiamata per via del suo potente getto, realizzata nel 1285 sul modello di quella di Perugia, il palazzo del Comune o palazzo Chiavelli, costruito nel XIV secolo dall'omonima famiglia e poi rimaneggiato successivamente, e il palazzo del Podestà, costruito nel 1255 e ornato da merli, con lo splendido "voltone" gotico, alto più di 11 metri e tutto decorato con affreschi del 1325 che rappresentano scene cavalleresche e la *Ruota della fortuna*. La caratteristica insolita di questo palazzo, tra i migliori esempi di architettura gotica delle Marche, è che la strada che passa sotto il voltone un tempo era un fiume. L'edificio fu infatti costruito a cavallo del corso d'acqua, in seguito ricoperto, nel punto d'incontro dei quattro quartieri che diedero origine alla cittadina di Fabriano.

Di fronte al palazzo del Podestà sorge oggi il bel loggiato intitolato a san Francesco, che permette di ammirare dall'al-

La piazza del Comune o piazza Alta, con il palazzo del Podestà e la fontana Sturinalto.

Il loggiato di San Francesco con il suo ingresso.

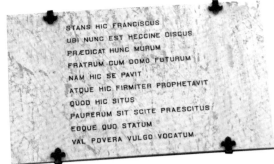

Lapide che testimonia il passaggio di san Francesco da Fabriano.

Ex ospedale
e chiesa
di Santa Maria
del Buon Gesù

**piazza della
Cattedrale, 9
Fabriano (AN)**
🕐 la chiesa è aperta in occasione della Messa, tutti giorni alle 9

to la grande piazza. Qui nel 1291 furono fondati un convento e una chiesa dedicati al santo, oggi non più esistenti. Nel 1450, quando papa Niccolò V visitò Fabriano, ordinò la costruzione di un portico addossato alla chiesa e riservato al passeggio dei frati, che fu completato alla fine del Seicento con la realizzazione delle diciannove logge attuali e in seguito congiunto al palazzo del Comune. La chiesa, danneggiata nel terremoto del 1741, venne demolita nel 1864 perché ormai pericolante, ma sono rimasti un intradosso con affresco trecentesco e un portale ad arco a tutto sesto con colonna tortile in stile gotico, entrambi visibili dal loggiato.

L'ospedale in stile tardogotico fu eretto nel 1456 sulla piazza dove già sorgeva la cattedrale di San Venanzio, per riunire in un solo luogo tutti gli "spedali" cittadini. Anche un francescano, san Giacomo della Marca, ne promosse la costruzione: il frate, infatti, in quell'anno si trovava in città per una delle sue predicazioni itineranti.

Oggi il grande edificio ospita la chiesa di Santa Maria del Buon Gesù, tra le più frequentate dagli abitanti di Fabriano, con affreschi del quattrocentesco Maestro di Staffolo sotto il portico e del fiorentino Andrea Boscoli all'interno dell'edificio. Del complesso monumentale dell'ospedale fa parte anche la Pinacoteca civica Bruno Molajoli (🕐 martedì-domenica 10-13 e 16-19).

L'ex ospedale di Santa Maria del Buon Gesù.

Chiostro dell'ospedale di Santa Maria del Buon Gesù.

- **Convento di San Domenico**, largo F.lli Spacca 2. Ospita il Museo della carta e della filigrana. ⏱ martedì-domenica 9-13 e 14.30-18.30, con visita guidata.
- **Museo dei mestieri in bicicletta**, via Gioberti. ⏱ martedì-domenica 10-12.30 e 15.30-18.30, con possibilità di visite guidate.
- **Museo del pianoforte storico e del suono**, piazza F. Fabi Altini, 9. Per le visite-concerto, guidate da un pianista, contattare lo IAT.
- **Cattedrale di San Venanzio**, via Cesare Balbo 5. ⏱ lunedì-sabato 9-12.30 e 14.30-18.30; domenica 9-12.30 e 16-17.30.

Un tipico vicolo di Fabriano.

Cartigli del *Cantico delle creature* nella chiesa di Santa Caterina.

Montecarotto

JESI

Scorcelletti

Moie

SP9

SS76

Pianello

Ponte Magno

Maiolati
Spontini

SP9

Angeli di
Rosora

San Paolo
di Jesi

SP502

SP9

SP3

Cupramontana

Staffolo

Chiesa
di San Francesco
di Favete

Abbazia
di Sant'Urbano
all'Esinante

Fonte di
San Francesco

Favete

SP2

SP4

SP362

SP14

SP117

Cerrete-collicelli

Precicchie

Apiro

SP26

Poggio
San Vicino

Cingoli

Troviggia

Lago di Cingoli

Avenale

SP502

1 km

Colcerasa

Il paesaggio nei pressi
dell'abbazia di Sant'Urbano.

Sant'Urbano, Favete, Staffolo e Forano

Con questa tappa ci adden-
triamo nel tratto più bello,
dal punto di vista naturalistico,
di tutto l'itinerario: circonda-
ti da dolci colline, sulle quali
i campi coltivati creano mac-
chie di colori contrastanti e le
vecchie cascine abbandona-
te spiccano solitarie qua e là,
percorriamo sinuose stradine

provinciali che si arrampicano
sulle alture per poi ridiscen-
dere, offrendo alla vista scorci
sempre diversi.

In mezzo a questi colli sorgono quattro luoghi della provincia maceratese che è possibile
visitare in un solo giorno: l'abbazia di Sant'Urbano, Favete,
Staffolo e il convento di Fo-

Le colline maceratesi.

rano. Se le prime due località sono legate alla presenza di san Francesco da una tradizione che risale al XVI secolo, la terza ospita una fonte miracolosa, scaturita grazie alle preghiere del santo (come documenta una lapide del 1244), mentre il convento di Forano è citato nei *Fioretti*.

Informazioni utili

Come arrivare. Da Fabriano si prende la Statale 76 in direzione est, si imbocca l'uscita per Apiro e si segue la Provinciale 9 fino al bivio per l'abbazia e la Country House di Sant'Urbano, che si trovano lungo la SP117 (tempo di percorrenza: 45 minuti). Dall'abbazia si ritorna poi sulla strada principale (SP2) e si prosegue per Favete, che si raggiunge in 10-15 minuti. Staffolo si trova a 20 minuti da quest'ultima, sempre sulla Provinciale 2 (la fonte è situata lungo la strada che porta fuori dal paese), mentre raggiungere da qui il convento di Forano richiede altri 40-45 minuti: si imbocca in direzione sud-est la serpeggiante Provinciale 502 che porta alla 25, fino a trovare, nei pressi di Appignano, le indicazioni per il convento.

Dove parcheggiare. I luoghi da visitare sono tutti dotati di parcheggi liberi.

Ospitalità. È possibile cenare e pernottare presso la Country House Sant'Urbano, che sorge di fianco all'omonima abbazia; l'ideale è la stanza numero 6, dotata di un oblò affacciato sul presbiterio dell'antica chiesa.

Contrada Sant'Urbano 5, Apiro | Tel. 0733 611040 - 338 4785780 - 320 7832788 | E-mail info@abbaziasanturbano.it | www.abbaziasanturbano.it

☞ **DA NON PERDERE**

Abbazia di Sant'Urbano all'Esinante

**contrada Sant'Urbano, 5
Apiro (MC)**
🕐 visitabile negli orari di apertura dell'adiacente Country House Sant'Urbano (➔ Informazioni utili/Ospitalità)

Questo affascinante complesso in stile romanico, fra i più belli delle Marche, sorge in aperta campagna, isolato di fianco a una provinciale poco battuta sulla quale talvolta si incontrano greggi di pecore. Guardandosi intorno, l'impres-

sione è che il posto non sia molto diverso da come doveva apparire secoli fa, quando ancora ospitava i monaci. Secondo la tradizione, san Francesco sostò presso questa abbazia benedettina intorno al 1210 e fu accolto con benevolenza dai monaci, che gli cedettero un piccolo appezzamento nei dintorni (presso Favete, ➔ Visite di approfondimento) sul quale costruì una chiesetta e un convento.

La particolarità che rende unico il complesso dell'abbazia è la struttura della chiesa: entrando si ha infatti l'impressione che vi siano due chiese una dentro l'altra, in quanto

L'abside all'esterno dell'abbazia.

L'interno con i tre livelli.

91

Il presbiterio.

Il tramezzo decorato.

l'atrio, posto appena sotto il piano della strada, e il presbiterio sopraelevato sono separati da un tramezzo. C'è poi anche un terzo piano, quello interrato delle cripte, e tutto l'insieme produce un effetto molto suggestivo. L'architettura della chiesa aveva una funzione ben precisa: mantenere divisi gli spazi un tempo riservati al clero dell'abbazia (cioè il presbiterio) e quelli destinati ai fedeli (l'atrio). Questa separazione fisica simboleggiava la divisione che doveva esistere fra il mondo dei monaci, dediti alla preghiera, e quello dei laici, che potevano assistere al rito solo

da lontano e senza interrompere le meditazioni dei religiosi.

L'interno della chiesa è semplice e spoglio, il che fa risaltare ancora di più gli elementi architettonici che contiene: alcuni frammenti di affresco, le colonne e i capitelli scolpiti con scene di caccia, animali immaginari e reali (delfini, pesci e galli), foglie e fiori.

Anche se l'altare centrale di pietra bianca riporta come data di consacrazione della chiesa il 1086, si pensa che l'abbazia sia stata fondata prima dell'anno Mille. Nel tempo accrebbe la propria influenza fino ad avere alle sue dipendenze una quin-

La cripta dell'abbazia di Sant'Urbano.

dicina di chiese e non solo: i monaci possedevano infatti anche il vicino castello e la loro ricchezza attirava incursioni esterne, soprattutto da parte della vicina Apiro. L'abbazia ebbe un periodo di relativa tranquillità nella seconda metà del Duecento, quando divenne un luogo di sosta per i pellegrini diretti a Roma, dopodiché dal Quattrocento iniziò una lenta decadenza che la portò, nel 1810, a essere ceduta a privati; oggi è di proprietà del Comune di Apiro. La chiesa è visitabile gratuitamente durante gli orari di apertura della vicina struttura ricettiva.

VISITE DI APPROFONDIMENTO

Chiesa di San Francesco di Favete

via San Francesco, 19/a località Favete, Apiro (MC) raggiungibile seguendo le indicazioni per il Centro ippico Pegaso.
🕐 visitabile su appuntamento

93

Questa chiesetta, oggi di proprietà privata e adibita a magazzino, sorge in uno spiazzo accanto a una casa privata nel punto in cui, secondo la tradizione, Francesco la fondò sul terreno donatogli dai monaci benedettini di Sant'Ur-

La chiesa di San Francesco di Favete.

Madonna in trono che allatta il Bambino con san Francesco e sant'Antonio di Padova,
affresco nella chiesa di Favete.

bano all'Esinante. Il signor
Sauro Bartocci, attualmente
proprietario dell'edificio, vive
nella casa vicina e accoglie i
visitatori su richiesta (tel. 328
2820671). Gestisce inoltre un
centro ippico guidando gli appassionati di equitazione sui

luoghi legati alla memoria di san Francesco.

La chiesetta, che ha subito alcuni danni nel recente terremoto, fu ricostruita per l'ultima volta nel 1951, come dimostra una pietra murata nelle fondamenta. All'interno sono visibili un'acquasantiera in pietra sulla quale sarebbero rimaste impresse le impronte delle dita del santo, e i frammenti di un affresco raffigurante la *Madonna in trono che allatta il Bambino con san Francesco e sant'Antonio di Padova*, che alcuni studiosi fanno risalire al 1490.

Le notizie storiche sull'edificio sono scarsissime; si pensa che i frati lo abbiano abbandonato per riunirsi a quelli del convento di San Francesco di Apiro, situato entro le mura cittadine.

La chiesetta privata presso cui sorge la fonte di San Francesco.

Fonte di San Francesco

contrada San Francesco, Staffolo (AN)
🕐 sempre aperta

Questa fonte miracolosa sorge poco fuori dal grazioso abitato di Staffolo, lungo la via di raccordo che dal paese conduce alla provinciale 502 per Forano. Si trova in uno spiazzo di proprietà privata, stretta fra un'abitazione e una chiesetta costruita alla fine del Settecento in onore del santo di Assisi.

L'elemento che richiama la presenza di san Francesco va ricercato sotto la piccola volta che ripara la fonte, in alto: si tratta della copia risalente al 1996 di una lapide antica che recita: «*Hanc [aquam] eduxit oratio beati Fran-*

Statua di san Francesco nella chiesa di Favete.

La fonte di San Francesco;
in alto si vede la lapide che ricorda
il prodigio operato dal santo.

«Laudato si', mi' Signore, per sor'Acqua, la quale è multo utile et humile et pretiosa et casta». Il luogo divenne poi meta di pellegrinaggi, tanto che nel 1796 una famiglia di Staffolo fece costruire la vicina chiesetta (sempre chiusa) come *ex voto* per le guarigioni miracolose attribuite all'acqua della fonte.

I LUOGHI DEI FIORETTI

Chiesa, convento e santuario di San Francesco di Forano

**contrada Forano, 52
Appignano (MC)**
🕐 visita su appuntamento
telefonando ai frati
allo 0733 579289

cisci cum Fr. Egidio precantis a domini MCCX fr. Crescentius de Esio fieri a domini MCCXLIV», e cioè: «Questa [acqua] fece scaturire il beato Francesco in preghiera insieme a frate Egidio nell'anno del Signore 1210. Frate Crescenzio da Jesi fece realizzare [questa lapide] nell'anno del Signore 1244». Secondo la tradizione, infatti, mentre Francesco si dirigeva verso il fiume Musone insieme a frate Egidio, fece nascere una sorgente per dissetarsi. Non a caso nel suo *Cantico delle creature* il santo aveva cantato:

L'imponente complesso di San Francesco di Forano, recentemente restaurato, sorge in una contrada di campagna nei pressi del paesino di Appignano. Quella che oggi è una via poco frequentata era nel Medioevo la principale strada di collegamento fra Jesi e Macerata, la cosiddetta *Via antiqua*, che doveva essere molto battuta da viaggiatori a piedi e a cavallo.

Le origini del convento non sono documentate, ma si sa

che nel Duecento in questo punto di grande passaggio sorgevano una chiesa e un ospedale per l'accoglienza e la cura di pellegrini e infermi, che ben presto passò in mano ai francescani. Lo testimoniano i *Fioretti*, che raccontano della presenza a Forano di due discepoli del santo: frate Corrado da Offida (1237-1306) e frate Pietro da Monticello, l'odierna Treia (ca. 1214-1304). La data in cui si svolsero i fatti narrati nei *Fioretti*, stando agli studiosi, è il 1289 e in base ad altri documenti sappiamo che la parte più antica del complesso attuale è la chiesa dedicata a san Francesco, le cui murature esterne risalgono al Duecento. Non è un caso che i francescani avessero scelto questa zona per creare la loro comunità: oggi appare come un tratto di campagna aperta e ondulata, ma nel Medioevo era ricoperta da fitti boschi e, sull'esempio del santo, i discepoli cercavano una stretta comunione con la natura. Con il recente ritorno dei francescani a Forano, che risale al 2014, è iniziata un'intensa attività di riforestazione dell'area: sono stati già piantati 3500 alberi e arbusti tipici della macchia mediterranea locale, per ricostituire intorno al convento la «selva» descritta nei *Fioretti*.

Il paesaggio nei pressi del convento di Forano.

Secondo la tradizione, anche Francesco avrebbe visitato a suo tempo il convento: una porta di quercia, nella facciata della chiesa, reca ancora oggi un'iscrizione che accenna al suo passaggio, sebbene i documenti più antichi che attestano la sua presenza risalgano al 1587 e siano quindi relativamente recenti. A ogni modo sull'architrave di pietra posta sopra la porta chiodata si legge: «*Haec est illa prisca janua dum hic adfuit S. Franciscus*», ossia: «Questa è l'antica porta di quando san Francesco fu qui».

Risale alla prima metà del Quattrocento l'affresco che circonda l'apertura, un'*Annunciazione* dalla quale l'angelo è assente perché venne tagliato via in seguito, quando la chiesa fu ampliata. Nel dipinto sono da notare alcune curiose figurine in cima ai capitelli, un elemento insolito che si trova in pochissime raffigurazioni del periodo. L'attuale convento fu ampliato e ristrutturato a partire dalla fine del XV secolo attorno al pozzo che si tro-

La porta da cui, secondo la tradizione, passò san Francesco, circondata dall'affresco del Quattrocento.

Il chiostro del convento.

va oggi al centro del chiostro, mentre la chiesa fu ricostruita nel 1625, salvando la porta di san Francesco e gran parte dell'affresco. Verso la fine del XVII secolo, inoltre, fu commissionata al pittore marchigiano Pier Simone Fanelli la realizzazione della tela che si trova sull'altare maggiore, una *Madonna con il Bambino e i santi Francesco, Chiara, Antonio di Padova e Pietro d'Alcantara* nel quale Francesco, rivolgendo lo sguardo al fedele, indica la Vergine, mentre i santi e i putti formano una sorta di cornice intorno a quest'ultima.

L'interno della chiesa di Forano.

A breve distanza dalla chiesa e dal convento sorge il santuario, costruito nel luogo in cui si verificò l'evento miracoloso narrato nei *Fioretti* (capitolo 42, FF 1880):

l tempo di questo santo frate Pietro, fu il santo frate Currado da Offida, il quale essendo insieme di famiglia nel luogo di Forano della custodia d'Ancona, il detto frate Currado se ne andò un dì nella selva a contemplare di Dio, e frate Pietro segretamente andò dirietro a lui per vedere ciò che gli addivenisse. E frate Currado cominciò a stare in orazione e pregare divotissimamente la Vergine Maria con grande pietà ch'ella gli accattasse questa grazia dal suo benedetto Figliuolo, ch'egli sentisse un poco di quella dolcezza la quale sentì santo Simeone il dì della Purificazione quand'egli portò in braccio Gesù Salvatore benedetto. E fatta questa orazione, la misericordiosa Vergine Maria lo esaudì: eccoti ch'apparve la Reina del cielo col suo Figliuolo benedetto in braccio, con grandissima chiarità di lume; e appressandosi a frate Currado, sì gli puose in braccio quello benedetto Figliuolo, il quale egli ricevendo, divotissimamente abbracciandolo e

Pier Simone Fanelli, *Madonna con il Bambino e santi*, chiesa di Forano.

quello che io m'abbia avuto?". "Ben so io, ben so, dicea frate Pietro, come la Vergine Maria col suo benedetto figliuolo t'ha visitato". Allora frate Currado, il quale come veramente umile desiderava d'essere segreto nelle grazie di Dio, sì lo pregò che non lo dicesse a persona. E fu sì grande l'amore d'allora innanzi tra loro due, che un cuore e una anima parea che fusse infra loro in ogni cosa.

Dopo la morte di frate Corrado, sul luogo della visione fu edificata un'edicola, in seguito sostituita da una chiesetta e infine dall'attuale piccolo santuario. All'interno, sopra l'altare, si trova un pregevole affresco della metà del Cinquecento che rappresenta il miracolo. Al centro si vede la Madonna che porge il Bambino al beato Corrado da Offida, circondata a sinistra dai santi Giovanni Evangelista e Lorenzo, e a destra da Giovanni Battista e Francesco. Inginocchiato sulla sinistra è il beato Pietro da Treia.

Secondo la tradizione, la cappella doveva essere intitolata alla Madonna del beato Corrado, ma avvenne un altro fatto miracoloso che le

baciandolo e strignendolosi al petto, tutto si struggeva e risolveva in amore divino e inesplicabile consolazione. E frate Pietro simigliantemente, il quale di nascosto vedea ogni cosa, sentì nell'anima sua una grandissima dolcezza e consolazione. E partendo la Vergine Maria da frate Currado, frate Pietro in fretta si ritornò al luogo, per non essere veduto da lui; ma poiché quando frate Currado tornava tutto allegro e giocondo, gli disse frate Pietro: "O cielico, grande consolazione hai avuta oggi"; dicea frate Currado: "Che è quello che tu dici, frate Pietro, e che sai tu

L'affresco del Cinquecento con la rappresentazione del miracolo.

vò l'ultima prova per il giorno seguente. Quando il mattino dopo andò ad aprire il santuario, rimase meravigliato nel vedere che il dipinto era stato completato, e con grandissima maestria. Inizialmente se ne attribuì il merito, ma subito cadde ammalato e riuscì a guarire solo quando ammise di aver mentito. Quando i fedeli vennero a sapere come stavano le cose, si convinsero che gli angeli fossero intervenuti a completare il dipinto e la chiesetta fu intitolata alla Madonna degli Angeli. L'8 settembre 1715 si svolse la cerimonia di incoronazione della sacra immagine.

fece cambiare nome. Il pittore, nonostante tutti i suoi sforzi, non riusciva a raffigurare il volto della Madonna pur avendolo dipinto e ridipinto innumerevoli volte. Una sera lo cancellò dopo l'ennesimo tentativo infruttuoso e si riser-

Il santuario della Madonna degli Angeli.

I miracoli

Il convento di Forano è citato una seconda volta dalle fonti antiche, nel capitolo 44 (FF 1882) dei *Fioretti*: frate Corrado da Offida e frate Pietro da Treia si giurano l'un l'altro di confidarsi tutti i segni di misericordia divina che gli si presenteranno. Ben presto il secondo ha una visione nella quale è presente anche san Francesco:

I tempo che dimoravano insieme nella custodia d'Ancona, nel luogo di Forano, frate Currado e frate Pietro sopraddetti (li quali erano due stelle lucenti nella provincia della Marca e due uomini celestiali); imperciò che tra loro era tanto amore e tanta carità che uno medesimo cuore e una medesima anima parea in loro due, e' si legarono insieme a questo patto, che ogni consolazione, la quale la misericordia di Dio facesse loro, eglino se la dovessino insieme rivelare l'uno all'altro in carità.

Fermato insieme questo patto, addivenne che un dì istando frate Pietro in orazione e pensando divotissimamente la passione di Cristo; e come la Madre di Cristo beatissima e Giovanni Evangelista dilettissimo discepolo e santo Francesco erano dipinti appiè della croce, per dolore mentale crocifissi con Cristo, gli venne desiderio di sapere quale di quelli tre avea avuto maggior dolore della passione di Cristo, o la Madre la quale l'avea generato, o il discepolo il quale gli avea dormito sopra il petto o santo Francesco il quale era con Cristo crocifisso. E stando in questo divoto pensiero, gli apparve la vergine Maria con santo Giovanni Vangelista e con santo Francesco, vestiti di nobilissimi vestimenti di Gloria beata: ma già santo Francesco parea vestito di più bella vista che santo Giovanni. E istando frate Pietro tutto ispaventato di questa visione, santo Giovanni il confortò e dissegli: "Non temere, carissimo frate, imperò che noi siamo venuti a consolarti e a dichiararti del tuo dubbio. Sappi adunque che la Madre di Cristo ed io sopra ogni creatura ci dolemmo della passione di Cristo, ma dopo noi santo Francesco n'ebbe maggiore dolore che nessuno altro, e però tu lo vedi in tanta gloria". E frate Pietro il domanda: "Santissimo Apostolo di Cristo, perché pare il vestimento di santo Francesco più bello che'l tuo?". Risponde santo Giovanni: "La cagione si è questa: imperò che, quando egli era nel mondo, egli portò indosso più vili vestimenti che io". E dette queste parole, santo Giovanni diede a frate Pietro uno vestimento glorioso il quale egli portava in mano e dissegli: "Prendi questo vestimento, il quale io sì ho arrecato per darloti". E volendo santo Giovanni vestirlo di quello vestimento, e frate Pietro cadde in terra istupefatto e cominciò a gridare: "Frate Currado, frate Currado carissimo, soccorrimi tosto, vieni a vedere cose maravigliose!". E in queste parole, questa santa visione sparve. Poi venendo frate Currado, sì gli disse ogni cosa per ordine, e ringraziarono Iddio.

A laude di Gesù Cristo e del poverello Francesco. Amen.

Il cortile interno del convento.

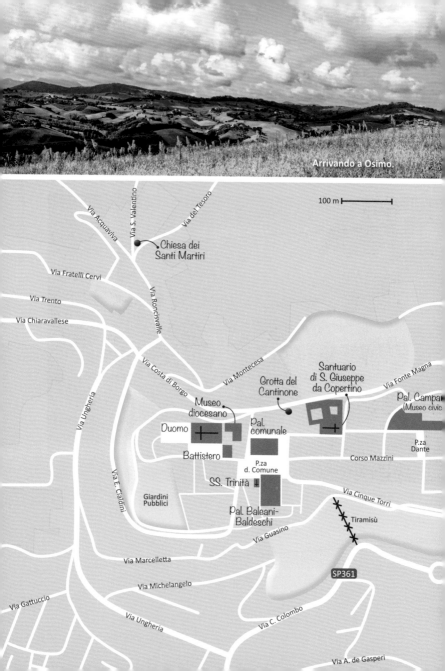

Arrivando a Osimo.

100 m

Via Acquaviva
Via S. Valentino
Via del Tesoro

Chiesa dei
Santi Martiri

Via Fratelli Cervi

Via Roncisvalle

Via Trento

Via Chiaravallese

Via Costa di Borgo

Via Montecesa

Via Fonte Magna

Grotta del
Cantinone

Santuario
di S. Giuseppe
da Copertino

Via Ungheria

Museo
diocesano

Pal. Campa
(Museo civic

Duomo

Pal.
comunale

Battistero

P.za
Dante

Via E. Cialdini

P.za
d. Comune

Corso Mazzini

SS. Trinità

Giardini
Pubblici

Via Cinque Torri

Pal. Baleani-
Baldeschi

Tiramisù

Via Guasino

Via Marcelletta

SP361

Via Michelangelo

Via Gattuccio

Via Ungheria

Via C. Colombo

Via A. de Gasperi

Osimo

L'arroccata cittadina di Osimo ha una storia unica, legata alla presenza, nel sottosuolo, di un fitto reticolato di grotte scavate dagli abitanti nel corso dei secoli, sia per motivi difensivi, sia come riparo dal freddo negli inverni particolarmente rigidi. Fu un'importante colonia romana con il nome di *Auximum* e nell'impianto attuale del centro storico sono ancora riconoscibili il cardo e il decumano (oggi corso Mazzini) della città antica; lungo via Fonte Magna (nei pressi dell'ufficio del turismo), si trova anche il tratto di mura romane più antico e meglio conservato di tutte le Marche, lungo

circa 200 metri. Osimo ebbe un ruolo importante durante il Medioevo e fu tra le prime città a diventare un libero comune agli inizi del XII secolo. Intorno al 1500 tornò sotto il dominio dello Stato Pontificio ed ebbe un lungo periodo di prosperità al quale si devono molti dei bei palazzi che arricchiscono il centro storico. Per un breve periodo, dall'ottobre 1943, fu capoluogo di regione dopo che Ancona era stata colpita dai bombardamenti, e fu liberata dai partigiani il 6 luglio 1944.

Oggi Osimo è una cittadina accogliente, ricca di luoghi da vedere e tuttora fortemente legata alla memoria di san Francesco. Secondo le fonti storiche, infatti, il fraticello la visitò mentre da Ancona si dirigeva a San Severino tra il 1215 e il 1220 e quando si trovava nei paraggi si commosse vedendo una pecorella sola in mezzo a un vasto gregge, tanto che la riscattò dal pastore e la portò in dono alle recluse di Colpersito (→ p. 65). Ma ecco il racconto di Tommaso da Celano nella *Vita prima* (capitolo 28, FF 455-457):

ttraversando una volta la Marca d'Ancona, dopo aver predicato nella stessa città, e dirigendosi verso Osimo, in compagnia di frate Paolo, che aveva eletto ministro di tutti i frati di quella provincia, incontrò nella campagna un pastore, che pascolava il suo gregge di montoni e di capre. In mezzo al branco c'era una sola pecorella, che tutta quieta e umile brucava l'erba. Ap-

Casolare nei pressi di Osimo.

Osimo vista dall'alto.

pena la vide, Francesco si fermò, e quasi avesse avuto una stretta al cuore, pieno di compassione disse al fratello: "Vedi quella pecorella sola e mite tra i caproni? Il Signore nostro Gesù Cristo, circondato e braccato dai farisei e dai sinedriti, doveva proprio apparire come quell'umile creatura. Per questo ti prego, figlio mio, per amore di Lui, sii anche tu pieno di compassione, compriamola e portiamola via da queste capre e da questi caproni".

Frate Paolo si sentì trascinato dalla commovente pietà del beato padre; ma non possedendo altro che le due ruvide tonache di cui erano vestiti, non sapevano come effettuare l'acquisto; ed ecco sopraggiungere un mercante e offrir loro il prezzo necessario. Ed essi, ringraziandone Dio, proseguirono il viaggio verso Osimo prendendo con sé la pecorina. Arrivati a Osimo si recarono dal vescovo della città, che li accolse con grande riverenza. Non seppe però celare la sua sorpresa nel vedersi davanti quella pecorina che Francesco si tirava dietro con tanto affetto. Appena tuttavia il servo del Signore gli ebbe raccontato una lunga parabola circa la pecora, tutto compunto il vescovo davanti alla purezza e semplicità di cuore del servo di Dio, ne ringraziò il Signore. Il giorno dopo, ripreso il cammino, Francesco pensava alla maniera migliore di sistemare la pecorella, e per suggerimento del fratello che l'accompagnava, l'affidò alle claustrali di San Severino, che accettarono il dono della pecorina con grande gioia come un dono del cielo, ne ebbero amorosa cura per lungo tempo, e poi con la sua lana tesserono una tonaca che mandarono a Francesco mentre teneva un capitolo alla Porziuncola. Il Santo l'accolse con devozione e festosamente si stringeva la tonaca al cuore e la baciava, invitando tutti ad allietarsi con lui.

Dal racconto delle fonti ricaviamo quindi due luoghi legati al passaggio del santo: quello in cui avvenne l'incontro con il gregge, che la tradizione

locale colloca poco fuori dalle mura della città, dove oggi sorge la chiesa dei Santi Martiri, e il duomo, presso il quale il vescovo con ogni probabilità accolse Francesco.

I LUOGHI DEI FIORETTI

Duomo di San Leopardo

piazza Duomo 7, Osimo (AN)
⏰ aperto tutti i giorni 8-12.30 e 15.30-19

Nel punto più alto della città sorge questa bella cattedrale romanica la cui storia risalirebbe addirittura al periodo romano

Il duomo di San Leopardo.

di Osimo. Secondo la teoria più accreditata, infatti, sul colle Gòmero (attuale colle del duomo) Cesare avrebbe fatto costruire un tempio dedicato a Esculapio, dio della medicina, per ringraziare gli abitanti di *Auximum* del loro sostegno contro Pompeo. Nel V secolo san Leopardo, primo vescovo della città, convertì la primitiva chiesetta sorta sulle rovine del tempio pagano in una chiesa dedicata a santa Tecla, che alla fine del XII secolo fu ricostruita in pietra bianca, così come la vediamo adesso, e consacrata a san Leopardo, ancora oggi patrono di Osimo.

Quando Francesco andò a incontrare il vescovo, ebbe quindi occasione di vedere una cattedrale non molto diversa da quella che noi viaggiatori moderni possiamo ammirare oggi: ai nostri occhi si apre un'ampia e maestosa scalinata che conduce al bel portale medievale, accanto al quale svetta l'imponente facciata con rosone centrale.

La cripta ospita tuttora le spoglie di san Leopardo e i sepolcri di altri vescovi dell'antichità, e fu firmata da Mastro Filippo che la portò a termine nel 1191, come si legge in un cartiglio sul soffitto che riporta la data. Per realizzarla vennero usati materiali di recupero romani e bizantini: lo si capisce dal fatto che i sedici capitelli delle colon-

109

L'ingresso del duomo.

ne sono tutti diversi fra loro, sia per decorazione che per materiale. Nel sarcofago romano del IV secolo che costituisce il grande altare centrale riposano i corpi di alcuni martiri di Osimo (Fiorenzo, Sisinio e Dioclezio) che vennero lapidati nel 304 in località Roncisvalle, dove all'epoca fu fondata la prima chie-

Il rosone della facciata.

110

Alcuni dettagli scultorei della facciata.

sa della città (antecedente al duomo) e oggi sorge quella dedicata appunto ai Santi Martiri (➔ Visita di approfondimento).

Fra i tesori conservati all'interno della chiesa

Interno del duomo.

Le volte a crociera della chiesa.

vi sono l'*Ecce Homo* attribuito a Guido Reni nella cappella della Sacra Spina e il crocifisso ligneo del XIII secolo, conser-vato nella cappella del Santo Crocifisso e legato a un evento miracoloso. Pare infatti che il 2 luglio 1797 il Cristo abbia aper-

Rappresentazione di san Francesco all'interno del duomo.

La cripta.

Il crocifisso ligneo conservato nella cappella del Santo Crocifisso.

Sarcofago contenente i corpi dei martiri di Osimo.

to gli occhi davanti ai fedeli, tanto che la cattedrale divenne un luogo di pellegrinaggio molto visitato e ancora oggi, in occasione della ricorrenza, vi si celebra una festa solenne.

 DA NON PERDERE

Basilica santuario e convento di San Giuseppe da Copertino

piazza Gallo 10, Osimo (AN)
🕐 aperto tutti i giorni 6.45-12 e 15.30-19.45

La basilica di San Giuseppe da Copertino.

113

Com'era già accaduto anche ad Ascoli e a Fabriano, a Osimo dopo il passaggio di Francesco molti giovani decisero di cambiare vita e di seguirlo, e l'intera cittadinanza dovette rimanere favorevolmente colpita dalla sua predicazione se già nel 1234, a meno di 8 anni dalla sua dipartita, fu consacrata la

Particolare dell'ingresso.

chiesa di San Francesco, ossia l'attuale basilica. Cinque secoli più tardi i francescani dell'annesso convento decisero di rimodernare la chiesa e soprattutto di intitolarla a un altro santo: Giuseppe da Copertino (1603-1663), un frate minore che era noto come "il santo dei voli", perché si diceva che quando pregava andasse in estasi e levitasse. La notizia di questo fatto prodigioso si era diffusa rapidamente tra i devoti, che cominciarono a tagliuzzargli le vesti ritenendo che gli oggetti da lui usati facessero miracoli; le alte gerarchie ecclesiastiche, turbate dal fatto che la gente gli fosse tanto devota,

lo accusarono di messianismo e lo spostarono più volte da un convento all'altro, spesso in luoghi isolati, fino a destinarlo al convento francescano di Osimo nel quale Giuseppe da Copertino trascorse gli ultimi sei anni prima della morte. In occasione della sua beatificazione, avvenuta nel 1753, e in previsione della canonizzazione di pochi anni successiva, i francescani del convento decisero di onorare il loro confratello rimodernando e arricchendo la chiesa, che gli fu intitolata nel 1781. La salma del santo riposa nella basilica dalla fine del XVIII secolo; gli interni sono stati affrescati negli anni 1933-

L'interno settecentesco della basilica.

La cupola affrescata con la *Glorificazione di san Giuseppe da Copertino*.

37 dal pittore Gaetano Bocchetti con scene della vita del santo: sono da notare in particolare il dipinto della cupola, che rappresenta la *Glorificazione di san Giuseppe da Copertino*, e quelli del catino absidale. Le stanze in cui il santo visse dal 1657

L'affresco raffigurante *San Francesco d'Assisi che lascia il porto di Ancona* (particolare).

al 1663, conservate nello stato originale, e l'oratorio in cui celebrava la Messa ogni giorno possono essere visitati nell'orario di apertura.

Sempre di Gaetano Bocchetti è l'affresco collocato sopra il portale d'ingresso e raffigurante *San Francesco d'Assisi che lascia il porto di Ancona*. Il frate salpò infatti per l'Oriente nel 1219, forse dopo aver soggiornato nella città di Osimo, e il dipinto è da tenere a mente perché ritrae i luoghi che vedremo nella prossima tappa: la splendida cattedrale di San Ciriaco sulla cima di una collina allora completamente spoglia, e il semplice porto cittadino.

L'adiacente convento, fondato negli stessi anni della chiesa, ospita una delle due case di postulato del Centro-Sud Italia (l'altra è a Benevento), nella quale oggi vivono quattordici giovani che aspirano a diventare frati francescani.

Grotta del Cantinone

via Fonte Magna 12, Osimo (AN)
🕐 visite guidate martedì-domenica 10.30, 11.30, 16.15, 17.15, 18.15; informazioni presso l'Ufficio del turismo

Sotto le fondamenta della basilica di San Giuseppe da Copertino esiste un mondo nascosto che fa di Osimo una città unica nel suo genere: si tratta

Grotta del Cantinone: uno dei cunicoli.

attraverso pozzi sulle cui pareti sono scavate fessure nelle quali appoggiare mani e piedi.

Si pensa che le prime grotte siano state realizzate al tempo dei piceni e che in seguito i romani le abbiano utilizzate come acquedotto. Nel Medioevo la loro funzione divenne principalmente difensiva e la gente del posto vi si rifugiava durante gli inverni molto freddi (dal momento che all'interno vi è una temperatura costante di 12-13° C), oppure in caso di assedio. Visitandole vi renderete conto infatti che nell'oscurità, in presenza di tantissimi bivi e rientranze, per gli assalitori diventava praticamente impossibile orientarsi, mentre gli abitanti avevano ideato un sistema di segnali incisi nella roccia che permettevano loro di "leggere" il percorso senza difficoltà. Il periodo della Seconda guerra mondiale è stato l'ultimo in cui i cunicoli sono stati utilizzati, ancora una volta a scopo difensivo: gli osimiani li hanno riscoperti e vi si sono nascosti durante i bombardamenti, rendendosi conto che moltissimi edifici del centro storico avevano pozzi di accesso alle grotte, e che in tal modo erano tutti collegati fra loro tra-

delle grotte del Cantinone, una serie di cunicoli scavati nell'arenaria friabile che sono visitabili per oltre 300 metri, con nicchie, incisioni e altri segni del passaggio dell'uomo. Nei secoli passati i francescani le utilizzavano come luogo di sepoltura, ma soprattutto di preghiera: si trattava di una sorta di eremo sotterraneo nel quale rifugiarsi per trovare oscurità e silenzio.

E le grotte del Cantinone non sono le uniche presenti a Osimo: i sotterranei dell'intera città sono percorsi da un vastissimo reticolato di cunicoli posti su cinque livelli, dai 3 ai 15 metri di profondità, nei quali una volta era possibile calarsi scendendo dalle case soprastanti,

Esempi di incisioni lungo le pareti;
in alto, a destra: *San Francesco riceve
le stimmate.*

118

di recente è stato in parte recuperato: a oggi sono stati censiti 9 chilometri di grotte su 20.000 metri quadrati di superficie e ogni giorno vengono organizzate visite guidate alla scoperta di questo tesoro nascosto.

Sotto alla basilica santuario di San Giuseppe da Copertino sono visibili, fra le altre cose, il pozzo usato dai frati per scendere nelle grotte, semplici altari scavati nella roccia e sovrastati dall'incisione di una croce, ambienti più ampi che forse venivano usati per la preghiera comune, bassorilievi di frati di 400 anni fa, riconoscibili dal tipico cordone del saio con i suoi tre nodi e addirittura una raffigurazione di san Francesco che riceve le stimmate in ginocchio, con la mano sul cuore, che risale al XVII secolo.

mite le cantine. Nel dopoguerra quasi tutti i proprietari hanno deciso di murare i pozzi allo scopo di isolare le proprie abitazioni ed evitare così visite indesiderate dal sottosuolo, e con il tempo questo mondo sotterraneo è stato dimenticato. Solo

Chiesa dei Santi Martiri

via Roncisvalle, Osimo (AN)
🕐 non visitabile

La chiesa dei Santi Martiri.

Questa chiesa ottocentesca a pianta circolare sorge nel punto in cui nel 304 vennero lapidati i cristiani Fiorenzo, Sisinio e Dioclezio, che durante la persecuzione di Diocleziano si erano rifiutati di fare sacrifici agli idoli pagani. Già nel VI secolo, come testimonia Procopio di Cesarea, in questo punto era stato eretto un tempietto in onore dei tre martiri, che venne più volte distrutto e ricostruito nel corso dei secoli. Nel 1376, ad esempio, la chiesa e l'annesso monastero benedettino furono devastati dalle truppe bretoni e un

La lapide che ricorda il martirio dei tre santi.

secondo assalto avvenne nel 1443, quando fra le macerie dell'edificio vennero ritrovati i resti dei tre santi martiri, che furono portati al sicuro nel duomo. L'edificio attuale risale alla fine del XVIII secolo e l'elemento degno di nota è la lapide posta sulla facciata che ricorda il martirio dei tre santi. Secondo la tradizione locale, inoltre, l'incontro di san Francesco con la pecorella (citato all'inizio del capitolo) avvenne proprio in questo punto, ai tempi situato fuori dalle mura della città, in mezzo ai campi.

119

Altro da vedere in città

- **Palazzo Comunale**, piazza del Comune.
- **Santuario della Madonna di Campocavallo**, via Cagiata, 101 | 🕐 Sante Messe: feriali 7, 18.30 e 19; prefestivi 18.30; festivi 8, 9.30, 11, 16, 18.30.

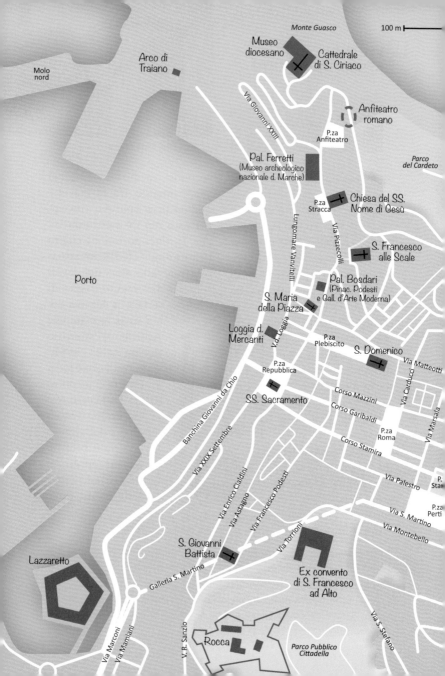

100 m

Monte Guasco

Molo
nord

Arco di
Traiano

Museo
diocesano

Cattedrale
di S. Ciriaco

Via Giovanni XXIII

Anfiteatro
romano

P.za
Anfiteatro

Parco
del Cardeto

Pal. Ferretti
(Museo archeologico
nazionale d. Marche)

P.za
Stracca

Chiesa del SS.
Nome di Gesù

Via Pizzecolli

Lungomare Vanvitelli

S. Francesco
alle Scale

Porto

Pal. Bosdari
(Pinac. Podesti
e Gall. d'Arte Moderna)

S. Maria
della Piazza

V. d. Loggia

P.za
Plebiscito

Loggia d.
Mercanti

S. Domenico

Via Matteotti

P.za
Repubblica

Via Carducci

Banchina Giovanni da Chio

Via XXIX Settembre

SS. Sacramento

Corso Mazzini

Corso Garibaldi

P.za
Roma

Via Marsala

Corso Stamira

Via Palestro

P.
Sta

Via Enrico Cialdini

Via Astagno

Via Francesco Podesti

Via Torrioni

P.za
Perti

Via S. Martino

Via Montebello

Lazzaretto

Galleria S. Martino

S. Giovanni
Battista

Ex convento
di S. Francesco
ad Alto

Via Marconi

Via Mamiani

V. R. Sanzio

Rocca

Parco Pubblico
Cittadella

Via S. Stefano

Ancona

La storia di Ancona è da sempre legata al mare, come si capisce osservando il grande porto che, oggi come ieri, costituisce il cuore pulsante della città a pochi passi dal centro storico situato in posizione sopraelevata. Nei tempi antichi Ancona ospitò piceni, greci e romani, e di questi ultimi sono rimaste numerose testimonianze, per lo più proprio intorno al porto (➔ I luoghi dei Fioretti).

La città rimase una potenza marinara anche con il passare dei secoli, tanto che ai tempi di Francesco era ancora il punto di partenza di numerose navi dirette in ogni angolo del mondo allora conosciuto: il santo la visitò infatti proprio in occasione dei suoi viaggi in Oriente. Secondo la tradizione fu lo stesso Francesco a scegliere, nel 1219, il punto di Ancona in cui costruire il convento dei suoi frati: si trattava

i

Come arrivare. Da Osimo si imbocca la Provinciale 25 verso nord fino a immettersi sulla Statale 16 che conduce in direzione della città. Il tempo di percorrenza è di circa 30 minuti.

Dove parcheggiare. Se preferite un parcheggio gratuito, potete lasciare l'auto nell'ampia piazza delle Armi o nelle vie circostanti; da lì una passeggiata di circa mezz'ora lungo via Raffaello Sanzio vi condurrà al porto oppure, in alternativa, potete prendere un autobus. Se invece preferite parcheggiare al coperto vi segnaliamo tre indirizzi: il parcheggio Traiano in via XXIX Settembre 2 (28,80 euro al giorno, vicino al porto), il Cialdini in via Cialdini 2 (38,40 euro al giorno, in centro) e il parcheggio scambiatore degli Archi in via Mamiani (8 euro al giorno comprensivo di biglietto dell'autobus per il centro).

Informazioni turistiche. IAT, via della Loggia 50, vicino al porto | Tel. 071 358991 | E-mail iat.ancona@provincia.ancona.it | ⏱ inverno: lunedì-sabato 9-13, martedì, giovedì e sabato anche 15-17; estate: tutti i giorni 9-14 e 15-19.

della cima di un colle, ragion per cui il convento venne chiamato San Francesco ad Alto. Pochi decenni dopo la morte del santo, i francescani presenti in città fondarono nel centro storico la chiesa di San Francesco alle Scale, tuttora visitabile, con l'annesso convento.

Al tempo del Poverello e dei suoi primi seguaci, la splendida cattedrale di San Ciriaco aveva già assunto la forma attuale e dominava il mare dall'alto del monte Guasco, osservando le navi in partenza e in arrivo. Oggi il duomo, raggiungibile dal porto tramite una serie di suggestive scalinate, delimita a nord il centro storico, decorato dai bei palazzi settecenteschi

che costeggiano la strada principale, via Pizzecolli. Il fulcro del centro cittadino è la grande piazza del Plebiscito, sulla quale si affacciano numerosi bar e ristoranti che animano la vita sociale e notturna della città. Conosciuta anche come "piazza del Papa" per via della statua di Clemente XII posta a un'estremità, è dominata dalla chiesa di San Domenico che sorge in cima a una scalinata. Alle spalle di questa si trovano altre due piazze che costituiscono altrettanti centri pulsanti della vita cittadina: piazza Roma, con i suoi mercati all'aperto e al coperto, e l'ampia piazza Cavour, realizzata all'indomani dell'Unità d'Italia, nel 1868.

Porto

banchina Giovanni da Chio / lungomare Vanvitelli, Ancona

Che il porto rappresenti il cuore di Ancona è dimostrato non solo dalla storia, ma anche dal nome della città: nel 387 a.C., infatti, i greci scelsero di fondare qui una colonia per i commerci via mare, perché il territorio presentava una sorta di gomito (in greco, *ankon*) che ben si prestava per fornire un riparo naturale alle navi. Una città-gomito, quindi, o città-porto naturale. Poco più di un secolo dopo, i greci furono scacciati dai romani, che ampliarono il porto fondato dai loro predecessori, e questo spiega le numerose vestigia romane presenti in questa zona: all'estremità nord del molo si eleva infatti l'imponente arco di Traiano e a breve distanza da questo, sul lungomare Vanvitelli, si trova un grande scavo archeologico, visitabile grazie a passerelle rialzate, che ha riportato alla luce i resti del porto antico e delle mura costruite nel II secolo per proteggerlo. Il tutto crea oggi un singolare contrasto con le imponenti macchine e navi del porto commerciale e peschereccio, e con il traffico di quello turistico, che fa di questa città la prima d'Italia per numero di veicoli e di passeggeri imbarcati. Una commistione di antico e mo-

Il porto di Ancona.

derno che vale la pena ammirare sia nella frenesia del giorno, sia nella calma della sera.

Anche ai tempi di Francesco il porto era in piena attività e il santo lo scelse come punto di partenza per i suoi viaggi in Oriente. Sappiamo ad esempio che nel 1219 si imbarcò da qui per la Terra Santa, dov'era in corso la quinta crociata. In quell'occasione raggiunse il campo saraceno per incontrare, a rischio della vita, il sultano Malek el-Kamel, al quale predicò il messaggio di pace del Vangelo per indurlo a mettere fine alla guerra. Ma le fonti ci raccontano che anche in un'occasione precedente Francesco scelse Ancona come

porto in cui approdare al ritorno da un viaggio; ecco come Bonaventura da Bagnoregio, nella *Leggenda maggiore* (capitolo IX, FF 1170), racconta questo evento:

sei anni dalla sua conversione [nel 1211], infiammato dal desiderio del martirio, decise di passare il mare e recarsi nelle parti della Siria, per predicare la fede cristiana e la penitenza ai saraceni e agli altri infedeli.

Ma la nave su cui si era imbarcato, per raggiungere quel paese, fu costretta dai venti contrari a sbarcare dalle parti della Schiavonia. Vi rimase per qualche tempo: ma poi, non ri-

L'arco di Traiano presso il porto.

uscendo a trovare una nave che andasse nei paesi d'oltremare, defraudato nel suo desiderio, pregò alcuni marinai diretti ad Ancona, di prenderlo con sé, per amor di Dio. Ne ebbe un netto rifiuto, perché non aveva il denaro necessario.

Allora l'uomo di Dio, riponendo tutta la sua fiducia nella bontà del Signore, salì ugualmente, di nascosto, sulla nave, col suo compagno. Si presentò un tale – certo mandato da Dio in soccorso del suo poverello – portando con sé il vitto necessario. Chiamò uno dei marinai, che aveva timor di Dio, e gli parlò così: "Tutta questa roba tienila per i poveri frati che sono nascosti sulla nave: gliela darai, quando ne avranno bisogno".

Se non che capitò che, per la violenza del vento, i marinai, per moltissimi giorni, non poterono sbarcare e così consumarono tutte le provviste. Era rimasto solo il cibo offerto in elemosina, dall'alto, a Francesco poverello. Era molto scarso, in verità; ma la potenza divina lo moltiplicò, in modo tale che bastò per soddisfare pienamente la necessità di tutti, per tutti quei giorni di tempesta, finché poterono raggiungere il porto di Ancona.

I marinai, vedendo che erano scampati molte volte alla morte, per i meriti del servo di Dio, resero grazie a Dio onnipotente, che si mostra sempre mirabile e amabile nei suoi amici e nei suoi servi. Ben a ragione, perché avevano provato da vicino gli spaventosi pericoli del mare e avevano visto le ammirabili opere di Dio nelle acque profonde.

DA NON PERDERE

Chiesa e convento di San Francesco alle Scale
scale San Francesco 4, Ancona

La chiesa di San Francesco alle Scale.

Le edicolette con i santi francescani sulla facciata.

Questa chiesa, fondata il 14 agosto 1323 dai francescani, sorge in posizione sopraelevata lungo il corso principale, via Pizzecolli, ma si dovette aspettare più di un secolo prima che venisse costruita la monumentale scala d'accesso che le diede il nome, in origine grande quanto tutta la piazza. Purtroppo la scala venne abbattuta nel 1802, per cercare una fonte di acqua potabile che però non fu trovata.

La facciata risale al 1455 e, con le quattro edicolette poste ai lati del portone e la lunetta sovrastante, ci ricorda il pro-

prio legame con i francescani. Nelle edicolette, infatti, si trovano le statue di santi collegati in vario modo all'ordine: oltre a Chiara abbiamo infatti Bernardino da Siena (riformatore dell'ordine), Antonio di Padova (che era frate francescano, → box "I santi francescani", tappa 9) e Ludovico d'Angiò (che rinunciò al trono per seguire la vita francescana). La lunetta contiene invece un bassorilievo raffigurante *San Francesco che riceve le stimmate*.

Verso la metà del Settecento i frati minori decisero di rinnovare completamente la

La lunetta con il bassorilievo raffigurante *San Francesco che riceve le stimmate*.

struttura antica: fecero abbattere le cappelle trecentesche e rialzare la facciata, operazione che risulta evidente osservando lo stacco fra la parte romanica originaria, chiara, e quella sopraelevata, in mattoni. La parte superiore della facciata rimase poi incompleta a causa degli eventi storici che seguirono: innanzitutto la soppressione napoleonica e poi la successiva trasformazione del complesso per adattarlo a vari usi (caserma, ospedale e manicomio, museo). Il campanile settecentesco crollò nel 1944 in seguito ai bombardamenti che distrussero anche il convento, ma la struttura venne restituita ai frati minori nel 1946 e riconsacrata sette anni dopo.

All'interno della chiesa, da non perdere è l'*Assunzione di Maria* di Lorenzo Lotto (1480-1556/1557), collocata dietro all'altare maggiore. Lotto la dipinse nel 1550, in un periodo di gravi ristrettezze economiche in cui era alloggiato presso il convento. Quando il lavoro finì e il pittore si ritrovò a dover pagare un affitto, fu costretto a organizzare presso la loggia dei Mercanti un'asta delle sue opere, dalla quale riuscì a ra-

127

L'interno di San Francesco alle Scale.

Lorenzo Lotto, *Assunzione di Maria*.

128

cimolare pochissimi ducati. Si risollevò dalle difficoltà realizzando numerosi altri quadri per conto di varie chiese cittadine. Forse anche a causa della malinconia che lo pervadeva in quel periodo, l'*Assunzione* presenta un cielo cupo e gli apostoli che gesticolano smarriti, addirittura spaventati, di fronte al miracolo della Madonna sollevata dagli angeli che lascia dietro di sé, come unico ricordo del suo passaggio terreno, manciate di petali di rosa nel sepolcro vuoto.

Prima di lasciare la chiesa vale la pena ammirare anche l'altare maggiore, in legno dorato, che proviene dalla chiesa soppressa di San Francesco ad Alto (➔ Visite di approfondimento), fondata secondo la tradizione per volere del santo.

Cattedrale di San Ciriaco

piazzale del Duomo, Ancona
🕐 inverno: 8-12 e 15-18;
estate: 8-12 e 15-19

Il duomo di San Ciriaco sorge in posizione isolata all'estremità del centro storico e domina il porto dal monte Guasco. Da qui il panorama è affascinante, la vista spazia sul mare, sulle gru dei cantieri portuali e sui tetti delle case più in basso, tanto che gli anconetani frequentano la spianata davanti

alla chiesa non solo in occasione della Messa, ma anche per rilassarsi e ammirare la città dall'alto.

La struttura dell'edificio è molto particolare: inizialmente la chiesa aveva infatti una pianta basilicale semplice, ma alla fine del XII secolo questa divenne a croce greca, grazie all'aggiunta di un lungo transetto che, all'interno, risulta rialzato e conferisce un movimento caratteristico e insolito allo spazio dedicato alla preghiera. Quando Francesco si imbarcò dal porto diretto a Oriente, guardando per un'ultima volta la terra prima di salpare ebbe senz'altro occasione di vedere i lavori, se non finiti, almeno avviati. Dopo il

Il duomo di San Ciriaco.

L'interno del duomo.

suo passaggio fu realizzato il magnifico pròtiro (il portico a cuspide che ripara il portale) poggiato sulle statue di due leoni di pietra rossa che divennero in breve tempo il simbolo della città. La cupola è una delle più antiche d'Italia e fu elevata nel punto di intersezione dei due bracci della chiesa dopo il completamento del transetto, intorno al 1270.

Pochi anni più tardi il duomo fu intitolato a San Ciriaco, vescovo di Ancona e martire vissuto nel IV secolo, il cui corpo era conservato fin dal 1097 nella cripta, dove è tuttora visibile. Alcune analisi condotte nel 1972 sui resti del santo han-

La vista dai leoni ai lati del pròtiro.

no confermato la veridicità delle terribili torture che, secondo la tradizione, gli furono inflitte: in particolare, proprio come sostiene la leggenda, Ciriaco fu costretto a ingerire del piombo fuso e fu ucciso con un fendente di spada alla base del cranio.

Da notare, sempre all'interno del duomo, la cappella della Madonna posta nel transetto sinistro, che spicca per la fastosa edicola del 1739 realizzata da Luigi Vanvitelli. Qui è ospitato un quadro seicentesco della Madonna che fu donato da un mercante veneziano come *ex voto* dopo che il figlio era stato salvato dal mare in tempesta. Da allora il quadro fu oggetto di grande devozione popolare, devozione che aumentò ancora dopo l'evento miracoloso del 25 giugno 1796 quando, secondo la tradizione, la Madonna aprì gli occhi e sorrise di fronte ai fedeli riuniti a recitare le litanie.

La cappella della Madonna.

VISITE DI APPROFONDIMENTO

Ex convento di
San Francesco ad Alto

via Torrioni 10, Ancona
🕐 non visitabile

Posto ai margini del centro storico, sulla cima del colle Astagno, l'ex convento di San Francesco ad Alto è visibile solo dall'esterno perché da tempo è stato soppresso e oggi ospita il distretto militare. Il suo legame storico con san Francesco non è documentato, ma discende dalla tradizione popolare: in una lettera del 1778, un anonimo religioso riferisce infatti al capitano Giuseppe Benigni un aneddoto che spieghe-

Il duomo e l'arco di Traiano visti dall'arco Clementino.

rebbe l'origine del convento. Pare infatti che a Francesco, in partenza dal porto di Ancona nel 1219, la gente chiedesse dove voleva veder sorgere il convento anconetano. Il santo indicò allora il fian-co boscoso del colle e disse semplicemente: «Ad alto». Fu così che fu fondato il convento e trovato il nome. Dal 1425 il luogo ebbe come frate guardiano Gabriele Ferretti (1385-1456), che in seguito divenne vicario provinciale e trascorse il resto della vita presso il convento. Grazie ai numerosi miracoli avvenuti per sua intercessione, fu beatificato nel 1753 e oggi è compatrono di Ancona insieme a san Ciriaco.

Dall'esterno l'edificio appare imponente, e in effetti sappiamo che nella sua epoca di maggior splendore, alla fine del Settecento, ospitava ben 15 altari e numerosi capolavori della pittura rinascimentale, tra cui due opere di Carlo Crivelli e l'*Apparizione della Vergine a san Francesco e san Biagio* o *Pala Gozzi* di Tiziano (1520). Con la soppressione del 1863, la chiesa e il grande convento vennero demanializzati, e di conseguenza adattati ad altri usi: l'aula dell'edificio sacro fu suddivisa in piani e il campanile venne mozzato, mentre le opere d'arte furono disperse in vari luoghi della città. Oggi la piccola tavola della *Madonna col Bambino* di Crivelli e il dipinto di Tiziano sono esposti presso la Pinacoteca civica Francesco Podesti di Ancona (situata in via Ciriaco Pizzecolli 17; al momento dell'andata in stampa, tuttavia,

L'ex convento di San Francesco ad Alto, oggi trasformato in caserma.

risultava chiusa per ristrutturazione: per informazioni sulla riapertura, consigliamo di chiedere informazioni allo IAT), mentre l'altare maggiore di legno dorato si trova nella chiesa di San Francesco alle Scale (➜ Da non perdere).

Il convento di San Francesco ad Alto prima della soppressione del 1863.

I miracoli

Ancona è il luogo in cui avvennero alcuni dei miracoli narrati da Bonaventura nella *Leggenda maggiore* (capitolo III, FF 1281). Dopo aver raccontato di un nobile di «Castel San Giminiano» che era ridotto in fin di vita e fu salvato grazie alle preghiere del padre a san Francesco, la *Leggenda* prosegue così:

Un miracolo analogo, il Signore, per i meriti del Santo, lo operò a favore di una fanciulla della città di Thamarit, nella Catalogna, e di un'altra fanciulla, di Ancona: ad ambedue, ridotte all'ultimo respiro dalla violenza della malattia, il beato Francesco, invocato con fede dai genitori, ridonò immediatamente perfetta salute.

E poco dopo la *Leggenda* presenta un altro fatto prodigioso, avvenuto stavolta in mare (capitolo IV, FF 1287):

lcuni marinai di Ancona, sbattuti da una furiosa tempesta, si vedevano ormai in pericolo di affondare. Così, disperando della vita, supplicarono umilmente san Francesco: allora apparve sulla nave una luce grande e, con la luce, venne per bontà divina anche la bonaccia, quasi a indicare che l'uomo beato possiede la meravigliosa potenza di comandare ai venti e al mare.

Non credo affatto che sia possibile raccontare ad uno ad uno tutti i miracoli con i quali questo beato padre ha mostrato e continua a mostrare la sua fulgida gloria sul mare o tutti i casi disperati in cui, sul mare, è intervenuto col suo soccorso.

Del resto non deve far meraviglia se, ora che regna nei cieli, gli è stato conferito l'impero sulle acque. Difatti già quando viveva nella nostra condizione umana, tutte le creature terrestri gli erano mirabilmente sottomesse, come al tempo dell'innocenza originaria.

Altro da vedere in città

- **Lazzaretto o Mole vanvitelliana**, banchina Giovanni da Chio, 28. Ospita anche il Museo tattile | ⊕ 15 giugno-15 settembre: martedì-venerdì 18-22, sabato e domenica 10-13 e 18-22; 16 settembre-14 giugno: martedì-sabato 16-19, domenica e festivi 10-13 e 16-19.
- **Monumento ai caduti della Prima guerra mondiale**, piazza IV Novembre, 1.
- **Chiesa di Santa Maria della Piazza**, piazza Santa Maria | ⊕ tutti i giorni 9-19.

Particolare della facciata della chiesa di Santa Maria della Piazza.

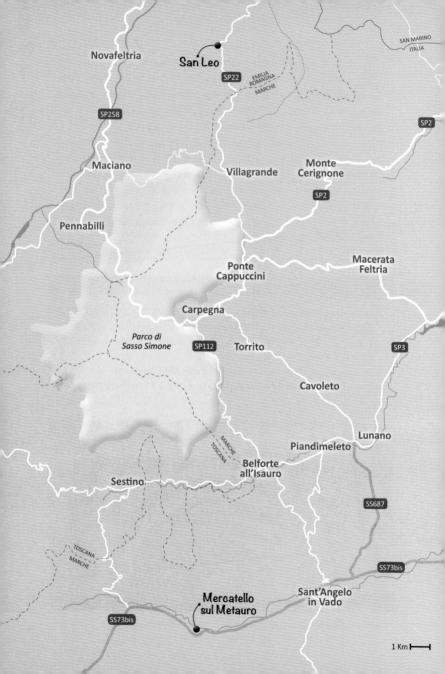

Mercatello sul Metauro e San Leo

La tappa più lunga del nostro viaggio (quanto a distanze percorse) ci fa compiere un balzo verso nord alla volta di due affascinanti paesi: Mercatello sul Metauro, in provincia di Pesaro Urbino, e San Leo. Quest'ultima località ha una vicenda insolita dal punto di vista amministrativo: storicamente legata alle Marche, dal 2009 è entrata a far parte, insieme ad altri comuni dell'alta Val Marecchia, dell'Emilia-Romagna (provincia di Rimini) in seguito a un referendum popolare. Anche il suo nome non è sempre stato

Panorama di Mercatello sul Metauro.

Il ponte e (sotto) la piazza di Mercatello sul Metauro.

138

quello attuale: nei secoli passati San Leo si chiamava infatti Montefeltro, e così è citato anche nelle fonti francescane.

Entrambe le cittadine si contraddistinguono per la loro bellezza e per la conservazione del patrimonio architettonico locale, motivo per cui hanno ricevuto la "Bandiera arancione" del Touring Club, un importante marchio di qualità turistico-ambientale riservato alle piccole località dell'entroterra italiano. Questi accoglienti borghi ricchi di fascino sono legati alla memoria di san Francesco in modo diverso: a Mercatello sul Metauro, poco dopo la scomparsa del Poverello, sorse un convento francescano, oggi riconvertito in museo, mentre San Leo è citato nelle fonti storiche perché il frate parlò al popolo nella piazza principale e ricevette in

Informazioni utili

Come arrivare. La Statale 16 congiunge Ancona con l'autostrada A14, che si imbocca in direzione di Bologna; all'uscita di Fano si prende la Statale 73 bis che porta a Mercatello sul Metauro. Il tempo di percorrenza totale è di un'ora e cinquanta minuti. Da Mercatello si ripercorre un tratto di SS73 bis fino a superare Sant'Angelo in Vado, dopodiché si prende in direzione nord la Statale 687, che diventa poi provinciale e, dopo circa un'ora dalla partenza, conduce a San Leo.

Dove parcheggiare. In entrambe le località i parcheggi sono situati presso il centro storico.

Informazioni turistiche. IAT di Mercatello sul Metauro, piazza San Francesco | Tel. 0722 89114 - 346 5148444 | E-mail turismo@comune.mercatellosulmetauro. pu.it | ⏲ lunedì-giovedì 10-12 e 16-18; sabato 9-12; domenica 9.30-12.

IAT di San Leo, presso il palazzo Mediceo in piazza Dante Alighieri | Tel. 0541 916306 / 926967 | E-mail info@sanleo2000.it | ⏲ tutti i giorni: inverno 9.30-18, estate 9.30-19.30.

dono il monte della Verna dal conte Orlando di Chiusi nel Casentino, che aveva assistito alla sua predicazione.

 DA NON PERDERE

Chiesa e museo di San Francesco

piazza San Francesco, Mercatello sul Metauro (PU)
⏲ lunedì-giovedì: 10-12 e 16-18; venerdì-sabato: 9-12 e 15.30-18; domenica: 9.30-12 e 15.30-18

Il paese di Mercatello è un piccolo borgo da visitare per il suo affascinante nucleo medievale, caratterizzato dall'antica cinta muraria e da numerosi edifici storici perfettamente conservati, fra cui la Collegiata con il suo museo, la chiesa di San Francesco e alcuni palazzi signorili. Da vedere anche il bel ponte romanico a tre arcate sul fiume Metauro e il suggestivo borgo di Castello della Pieve, situato a 3 km di distanza.

Mercatello conquistò il suo nome in quanto nel Medioevo era un "piccolo luogo di mercato" dei tronchi d'abete della Massa Trabaria, la provincia ecclesiastica della quale faceva parte. Il centro abitato così come lo vediamo oggi sorse nel XIII secolo, quando gli abitanti di ben sette castelli dei dintorni

139

Il museo di San Francesco.

scesero a valle e si trasferirono qui; nello stesso periodo furono erette anche le mura a difesa del nucleo cittadino.

Anche la chiesa di San Francesco fu eretta nello stesso periodo: la realizzarono i francescani a partire dal 1235, sostenuti da papa Innocenzo IV che, nel 1251, concesse un'indulgenza a tutti coloro che avessero contribuito alla sua costruzione. L'edificio conserva tuttora il semplice stile romanico-gotico delle origini e, fin dal portale, richiama la presenza dei francescani: nella lunetta si trova infatti un affresco del Quattrocento che rappresenta la *Madonna col Bambino e i santi Francesco e Caterina*. Anche un emblema sulla vetrata del rosone richiama l'ordine fondatore.

La piazza sulla quale sorge la chiesa ospitava un tempo il chiostro dell'annesso convento, abitato dai cappuccini fino al 1883. Sebbene il chiostro sia stato abbattuto nel 1835 perché pericolante, oggi una fontana in pietra arenaria ricorda la presenza francescana riportando sul bordo esterno e sul pilastro centrale alcune immagini del *Cantico delle creature*.

Il museo della chiesa, molto curato, ospita tra l'altro la più antica immagine su vetro di san Francesco, realizzata nel Trecento proprio per la chiesa di Mercatello, uno splendido crocifisso di Giovanni da Rimini (1309) e la duecentesca *Madonna in trono* di Bonaventura di Michele, con influssi bizantini. Tra le opere che ritraggono il Poverello di Assisi, una statua marmorea posta di fianco all'arco trionfale e il polittico attribuito a Giovanni Baronzio (XIV secolo).

I LUOGHI DEI FIORETTI

San Leo

piazza Dante Alighieri

San Leo, l'antica Montefeltro, sorge sulla cima di uno sperone calcareo-arenaceo che fin dall'antichità ha conferito al borgo la caratteristica di inespugnabile fortezza naturale, alla quale si accede per un'unica strada intagliata nella roccia. La storia di San Leo è strettamente legata a quella di san Leone, che nel III secolo giunse dalla Dalmazia insieme a san Marino ed evangelizzò la regione. Secondo la tradizio-

141

ne, Leone era uno scalpellino e, ritiratosi sul monte Feliciano (o monte Feltro), fondò una chiesetta intorno alla quale radunò in segreto alcuni cristiani: sorse così l'insediamento di San Leo. È considerato inoltre il primo vescovo della diocesi di Montefeltro (anche se quest'ultima fu istituita alcuni secoli dopo) ed è patrono di San Leo e della Repubblica di San Marino.

Sulla punta più alta dello sperone roccioso di San Leo sorge il massiccio forte nel quale Berengario II si ritirò per resistere all'assedio di Ottone I di Sassonia, dal 961 al 963, eleggendo il luogo a capitale del Regno italico. Nel periodo in cui Francesco lo visitò, era iniziata la signoria dei conti di

Montefeltro che, divenuti duchi di Urbino, contribuirono allo sviluppo della cittadina e di tutta la contea a cui questa dava il nome, il Montefeltro. Dopo il Poverello, ai primi del Trecento San Leo ospitò anche Dante, che la citò nel IV canto del Purgatorio accostandola ad altri luoghi altrettanto scoscesi: «Vassi in San Leo e discendesi in Noli, / montasi su in Bismantova e 'n Cacume / con esso i piè; ma qui convien ch'om voli». Dal 1631 ai primi del Novecento il forte di San Leo divenne una prigione e tra i suoi ospiti illustri ebbe il conte di Cagliostro che, accusato di eresia, vi fu rinchiuso dal 1791 fino alla morte, avvenuta nel 1795. Il 27 febbraio 2014, la cittadina è stata scossa da

Veduta della rocca di San Leo.

Il grazioso borgo di San Leo e la campagna circostante.

un boato: una porzione della rupe, pari a circa 450.000 metri cubi di roccia, si è staccata ed è franata nella zona sottostante, senza però provocare danni a persone o edifici. Oggi è un luogo incantato e ricco di monumenti antichi che vale la pena visitare: dalla pieve pre-romanica al duomo romanico del XII secolo, dal celebre forte al Museo di arte sacra ospitato nel palazzo Mediceo.

La piazza centrale di questo splendido borgo è quella in cui si svolse la predicazione di Francesco in occasione della sua visita nel Montefeltro. La tradizione locale tramanda addirittura il luogo esatto dal quale il santo arringò la folla: a quanto si dice, si pose infatti al centro della piazza, sotto un olmo che oggi non c'è più, ma che nei secoli è sempre stato ripiantato a memoria di quell'evento (il ceppo dell'albero originale è conservato dal 1662 presso il vicino convento di Sant'Igne, che verrà presentato nella tappa 9). L'ultima volta, nel novembre 2013, "l'olmo di san Francesco" (in realtà un bagolaro o spacca-

143

Il duomo e la torre.

di San Leo è così legato al ricordo della predicazione del santo da averla riportata persino nello stemma comunale, dove il saio marrone del frate, dominato dalla chioma dell'albero, spicca di fianco all'aquila ghibellina dei Montefeltro.

Ma ecco come viene raccontata la visita di Francesco nel testo intitolato *Considerazioni sulle stimmate di San Francesco*, che nelle fonti manoscritte segue in genere i *Fioretti* (Prima considerazione, FF 1897-99):

sassi), alto parecchi metri, è stato abbattuto dal vento e la cittadinanza lo ha immediatamente sostituito con una pianta più giovane, posta su un lato della piazza. Il paese

Lo stemma del Comune di San Leo.

Quanto alla prima considerazione, è da sapere che santo Francesco, in età di quarantatré anni, nel mille ducento ventiquattro, spirato da Dio si mosse della valle di Spuleto per andare in Romagna con frate Leone suo compagno; e andando passò a pie' del castello di Montefeltro, nel quale castello si facea allora un grande convito e corteo per la cavalleria nuova d'uno di quelli conti di Montefeltro. E udendo santo Francesco questa solennità che vi si facea e che ivi erano raunati molti gentili uomini di diversi paesi, disse a frate Leone: "Andiamo quassù a questa festa, però che con lo aiuto di Dio noi faremo alcuno frutto spirituale".

Tra gli altri gentili uomini che vi erano venuti di quella contrada a quello corteo, sì v'era uno grande e anche ricco gentile uomo di Toscana, e aveva nome messere Orlando da Chiusi di Casentino, il quale per le maravigliose cose ch'egli avea udito della santità e de' miracoli di santo Francesco, sì gli portava grande divozione e avea grandissima voglia di vederlo e d'udirlo predicare.

Giugne santo Francesco a questo castello ed entra e vassene in sulla piazza, dove era radunata tutta la moltitudine di questi gentili uomini, e in fervore di spirito montò in su uno muricciuolo e cominciò a predicare proponendo per tema della sua predica questa parola in volgare: Tanto è quel bene ch'io aspetto, che ogni pena m'è diletto. E sopra questo tema, per dittamento dello Spirito santo, predicò sì divotamente e sì profondamente, provandolo per diverse pene e martìri de' santi Apostoli e de' santi Martiri e per le dure penitenze di santi Confessori, per molte tribulazioni e tentazioni delle sante Vergini e degli altri Santi, che ogni gente stava con gli occhi e con la mente sospesa inverso di lui, e attendeano come se parlasse uno Agnolo di Dio. Tra li quali il detto messere Orlando, toccato nel cuore da Dio per la maravigliosa predicazione di santo Francesco, si puose in cuore d'ordinare e ragionare con lui, dopo la predica, de' fatti dell'anima sua.

Onde, compiuta la predica, egli trasse santo Francesco da parte e dissegli: "O padre, io vorrei

Piazza Dante con la pieve di Santa Maria Assunta.

ordinare teco della salute dell'anima mia". Rispuose santo Francesco: "Piacemi molto; ma va' istamani e onora gli amici tuoi che t'hanno invitato alla festa e desina con loro, e dopo desinare parleremo insieme quanto ti piacerà". Vassene adunque messere Orlando a desinare, e dopo desinare torna a santo Francesco, e sì ordina e dispone con esso lui i fatti dell'anima sua pienamente. E in fine disse questo messere Orlando a santo Francesco: "Io ho in Toscana uno monte divotissimo il quale si chiama il monte della Vernia, lo quale è molto solitario e salvatico ed è troppo bene atto a chi volesse fare penitenza, in luogo rimosso dalle gente, o a chi desidera vita solitaria. S'egli ti piacesse, volentieri lo ti donerei a te e a' tuoi compagni per salute dell'anima mia". Udendo santo Francesco così liberale profferta di quella cosa ch'egli desiderava molto, ne ebbe grandissima allegrezza, e laudando e ringraziando in prima Iddio e poi il predetto messere Orlando, sì gli disse così: "Messere, quando voi sarete tornato a casa vostra, io sì manderò a voi de' miei compagni e voi sì mostrerete loro quel monte; e s'egli parrà loro atto ad ora-

zione e a fare penitenza, insino a ora io accetto la vostra caritativa profferta". E detto questo, santo Francesco si parte: e compiuto ch'egli ebbe il suo viaggio, sì ritornò a Santa Maria degli Agnoli; e messere Orlando similmente, compiuta ch'egli ebbe la solennità di quello corteo, sì ritornò al suo castello che si chiamava Chiusi, il quale era presso alla Vernia a uno miglio. Tornato dunque che santo Francesco fu a Santa Maria degli Agnoli, egli sì mandò due de' suoi compagni al detto messe-

Palazzo Nardini.

La lapide di palazzo Nardini che ricorda il passaggio di san Francesco.

re Orlando; i quali giugnendo a lui, furono con grandissima allegrezza e carità da lui ricevuti. E volendo egli mostrare loro il monte della Vernia, sì mandò con loro bene da cinquanta uomini armati, acciò che li difendessino dalle fiere salvatiche. E così accompagnati, questi Frati salirono in sul monte e cercarono diligentemente, e alla perfine vennero a una parte del monte molto divota e molto atta a contemplare, nella quale parte sì era alcuna pianura, e quello luogo sì scelsono per abitazione loro e di santo Francesco. E insieme coll'aiuto di quelli uomini armati ch'erano in loro compagnia feciono alcuna celluzza di rami d'arbori; e così accettarono e presono, nel nome di Dio, il monte della Vernia e il luogo de' frati in esso monte, e partironsi e tornarono a santo Francesco. E giunti che furono a lui, sì gli recitarono come e in che modo eglino aveano preso il luogo in sul monte della Vernia, attissimo alla orazione e a contemplazione. Udendo santo Francesco questa novella, si rallegrò molto e, laudando e ringraziando Iddio, parla a questi frati con allegro viso e dice così: "Figliuoli miei, noi ci appressiamo alla quaresima nostra di santo Michele Arcangelo: io credo fermamente che sia volontà di Dio

147

La sala di palazzo Nardini in cui secondo la tradizione fu ospitato san Francesco.

che noi facciamo questa quaresima in sul monte della Vernia, il quale per divina dispensazione ci è stato apparecchiato acciò che ad onore e gloria di Dio e della sua gloriosa vergine Maria e de' santi Agnoli noi con penitenza meritiamo da Cristo la consolazione di consacrare quel monte benedetto".

L'autore della "Prima considerazione" attribuisce all'anno 1224 alcuni eventi, come la predicazione a San Leo, avvenuti nel 1213; Francesco visitò infatti più volte in quel lasso di tempo la cittadina del Montefeltro. Secondo la tradizione popolare, l'offerta del monte della Verna gli venne fatta presso una delle sale (non visitabile, oggi trasformata in cappella) di palazzo Nardini, un imponente edificio di origine duecentesca situato nella piazza centrale di San Leo, l'8 maggio 1213. Sulla facciata, una targa ricorda l'evento con queste parole: «Qui san Francesco d'Assisi nel VIII maggio MCCXIII predicò. Ospitato in questa casa ebbe in dono dal conte Orlando Catani di Chiusi il monte della Verna».

Altro da vedere a San Leo

- **Forte di San Leo**, via Leopardi | ⏱ lunedì-venerdì 10.30-16.20, sabato e domenica 9.30-18.
- **Duomo di San Leone**, Via Cavallotti, 7 | ⏱ tutti i giorni 9.30-12.30 e 14.30-18.00.
- **Pieve di Santa Maria Assunta**, via Cavallotti | ⏱ tutti i giorni 9.30-12.30 e 14.30-18.00.

I miracoli

Se il *Trattato dei miracoli* non cita fatti prodigiosi avvenuti nei paesi toccati da questa tappa, ricorda però due episodi (FF 548 e 558) verificatisi a Fano, che si trova nel tratto fra Ancona e Mercatello sul Metauro:

Nella città di Fano c'era un rattrappito, che aveva le tibie ulcerate, ripiegate all'indietro e appiccicate al corpo e talmente maleodoranti che nessuno si sentiva disposto ad accoglierlo in ospedale. Egli implorò la misericordia del beatissimo padre Francesco, e poco dopo ebbe la gioia di vedersi completamente ristabilito.

Un idropico di Fano, col corpo paurosamente tumefatto, fu guarito in maniera perfetta per i meriti del glorioso servo di Dio.

Il forte di San Leo.

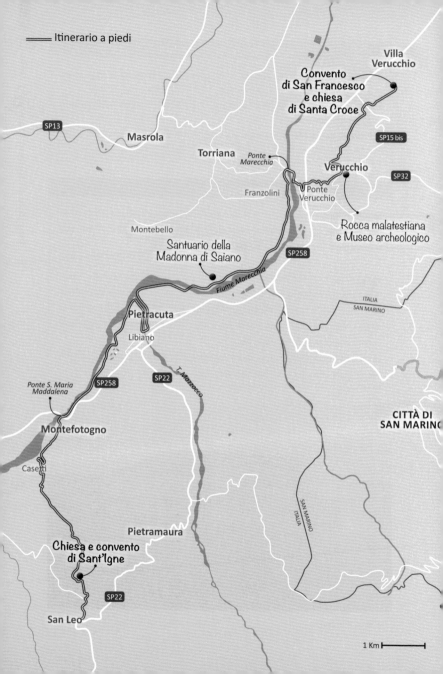

Itinerario a piedi

Villa Verucchio

Convento di San Francesco e chiesa di Santa Croce

SP13

Masrola

Torriana

Ponte Marecchia

SP15 bis

Verucchio

SP32

Franzolini

Ponte Verucchio

Montebello

Santuario della Madonna di Saiano

Rocca malatestiana e Museo archeologico

SP258

Fiume Marecchia

ITALIA
SAN MARINO

Pietracuta

Libiano

T. Marzocca

Ponte S. Maria Maddalena

SP258

SP22

CITTÀ DI SAN MARINO

Montefotogno

SAN MARINO

ITALIA

Casetti

Pietramaura

Chiesa e convento di Sant'Igne

SP22

San Leo

1 Km

Da San Leo a Villa Verucchio

Gli ultimi due luoghi che vi presentiamo sono accomunati da alcuni elementi: sono entrambi antichi conventi francescani, si trovano nella provincia di Rimini e ospitano una pianta che la tradizione collega a san Francesco. Il convento di Sant'Igne è situato in una località isolata a due passi da San Leo, mentre quello dei frati minori di Villa Verucchio sorge a soli tre chilometri dall'arroccata e affascinante Verucchio, un'altra cittadina che ha ricevuto la "Bandiera arancione" del Touring. I due luoghi sono legati alla memoria di Francesco dalla tradizione, che li vuole fondati direttamente dal santo nel corso delle sue peregrinazioni nella Val Marecchia: se a Sant'Igne è infatti conservato il ceppo dell'olmo sotto il quale il frate predicò a San Leo (➔ tappa 8), a Villa Verucchio è ancora oggi visibile un cipresso che

sarebbe frutto di un prodigio operato dal santo.

Per chi desidera visitare questi luoghi a piedi, inoltre, esiste un bell'itinerario di 23 km da fare in giornata da Villa Verucchio a San Leo, toccando il bel borgo collinare di Verucchio, l'arroccato santuario della Madonna di Saiano e il convento di Sant'Igne.

Il convento di Sant'Igne.

151

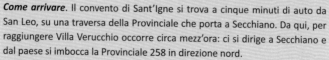

Informazioni utili

Come arrivare. Il convento di Sant'Igne si trova a cinque minuti di auto da San Leo, su una traversa della Provinciale che porta a Secchiano. Da qui, per raggiungere Villa Verucchio occorre circa mezz'ora: ci si dirige a Secchiano e dal paese si imbocca la Provinciale 258 in direzione nord.

Dove parcheggiare. In entrambe le località i parcheggi sono situati presso i conventi.

Informazioni turistiche. Per Sant'Igne rivolgersi allo IAT di San Leo, presso il palazzo Mediceo in piazza Dante Alighieri | Tel. 0541 916306 / 926967 | E-mail info@sanleo2000.it | ⏰ tutti i giorni: inverno 9.30-18, estate 9.30-19.30. In alternativa è possibile contattare la persona che custodisce la struttura, il signor Angelo Righetti: 333 8702854.

IAT di Verucchio, piazza Malatesta 20 | Tel. 0541 670222 | E-mail iat.verucchio@iper.net | www.prolocoverucchio.it | ⏰ 1° ottobre-31 maggio: lunedì-venerdì 9-13, sabato 9.30-12.30 e 15-18.30, domenica e festivi 10-12.30 e 15-18.30; 1° giugno-30 settembre: lunedì-venerdì 9-13 e 15-19, sabato, domenica e festivi 9.30-12.30 e 15-19.

VISITA DI APPROFONDIMENTO

Chiesa e convento di Sant'Igne

strada Provinciale
San Leo-Secchiano, San Leo (RN)
⏰ aperta il sabato per la Messa delle 17 o visitabile su prenotazione telefonando allo IAT di San Leo

Secondo una tradizione che risale almeno al XVI secolo, fu san Francesco a dare il nome a questo convento: la sera prima della predicazione nella piazza di San Leo (➔ tappa 8), giunto insieme a frate Leone alle porte della cittadina, le trovò chiuse e dovette cercare un posto in cui passare la notte; secondo altre fonti, invece, si perse in mezzo ai boschi e nell'oscurità della sera si mise a cercare un riparo. Un fuoco (in latino, *ignis*) lo guidò miracolosamente fino a una capanna di pastori dai quali ricevette ospitalità, e nelle vicinanze fondò poi il suo monastero. In realtà, il toponimo Sant'Igne deriverebbe da "Santegna" e non avrebbe quindi niente a che fare con il fuoco miracoloso dell'aneddoto; resta il fatto che il luogo è misterioso quanto il suo nome e appare isolato nonostante si trovi a pochi passi da San Leo.

Arrivando al convento di Sant'Igne.

Il chiostro.

Interno della chiesa.

Affresco raffigurante la *Madonna con il Bambino fra i santi Giuseppe e Antonio di Padova*.

L'acquasantiera in pietra.

Il ceppo dell'olmo sotto il quale Francesco predicò a San Leo.

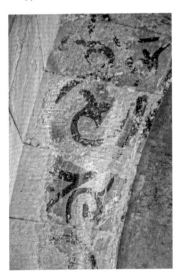

Dettaglio decorativo originale.

Il refettorio.

Il convento di Villa Verucchio.

Il convento appartenne ai francescani fin dalla metà del Duecento e proprio per questo, come voleva la Regola, era situato fuori dalle mura cittadine. Un'incisione su pietra, oggi conservata presso l'Archivio Comunale, ne attesta l'antichità: «Nell'anno del signore 1244, al tempo di papa Innocenzo [IV] e di Ugolino vescovo feretrano». Il convento ospitò i frati minori fino alla soppressione napoleonica del 1810, quando fu trasformato in casa colonica e ristrutturato di conseguenza. Oggi la semplice chiesa di arenaria a una sola navata conserva un frammento di affresco raffigurante la *Madonna con il Bambino fra i santi Giuseppe e Antonio di Padova* del 1535 e un grazioso chiostro con venti colonnine ot-

tagonali e capitelli a foglia d'acqua, rallegrato dai coloratissimi fiori che il custode coltiva con amore. Nel chiostro è conservato il ceppo dell'olmo sotto il quale, secondo la tradizione, Francesco predicò a San Leo.

DA NON PERDERE

Convento di San Francesco e chiesa di Santa Croce

**via Convento, 150
Villa Verucchio (RN)**
la chiesa è aperta tutti i giorni: 7-12 e 15.30-19.30; il convento è visitabile tutti i giorni: 10-12 e 16-18 telefonando allo 0541 678417

Stando alla tradizione, quando Francesco scese per la Val Marecchia dopo essere stato a

Il chiostro del convento.

San Leo e aver ricevuto in dono il monte della Verna (➔ tappa 8), si fermò su questo poggio che domina il moderno paese di Villa Verucchio e sostò presso il piccolo romitorio che vi sorgeva. Quel povero rifugio costituì il nucleo dell'attuale convento, attestato nei documenti antichi fin dal 1311 e affiancato dalla chiesa, consacrata il 16 giugno 1400 e dotata di un bel portale in cotto. L'interno è stato completamente ristrutturato a metà dell'Ottocento in stile neoclassico e non possiede più la sem-

Il cipresso del prodigio.

La cappella di San Francesco.

plicità delle origini, conservata però nell'austero chiostro.

Qui sorge il cipresso che si ritiene sia stato piantato dallo stesso Francesco: il frate, infatti, era giunto al romitorio a piedi, appoggiandosi a un bastone e, all'arrivo, volle gettarlo nel fuoco. Il bastone però non bruciava e il santo esclamò: «Se non vuoi ardere, cresci!», dopodiché lo piantò nella terra. Il bastone subito germogliò miracolosamente e oggi, a distanza di 800 anni, il convento ospita una gigantesca pianta di cipresso (alta 23 metri, con un diametro di 7 metri e mezzo) maltrattata dai temporali e dai bombar-

damenti della Seconda guerra mondiale, e dotata di potenti stampelle a sostegno del fusto. È impossibile dire se sia stata veramente piantata da san Francesco, ma i botanici concordano sul fatto che sia vecchia di almeno sette secoli e che risalga, quindi, proprio alla sua epoca. Il complesso conserva anche l'ambiente nel quale, secondo la tradizione, fu ospitato il santo: l'attuale cappella di San Francesco, ricostruita nel 1929 e riccamente decorata. Infine, vicino al convento si trovano alcune sorgenti di acque curative che, secondo la leggenda, il santo fece sgorgare battendo per tre

Veduta di Verucchio.

volte il bastone a terra: si tratta delle Fonti di San Francesco (oggi trasformate in struttura privata), che offrono acque termali salso-bromo-iodiche.

Verucchio

A tre chilometri dal convento sorge il bel borgo di Verucchio, dominato dalla Rocca malatestiana, comunemente detta "Rocca del sasso". Se la si guarda da lontano, infatti, è impossibile distinguere dove finisce l'opera della natura e inizia quella degli uomini che la eressero fra il XII e il XVI secolo. La rocca vale una visita, così come il borgo, antico feudo dei Ma-

latesta: qui nacque infatti Malatesta da Verucchio (1212-1312), signore di Rimini, ricordato nella *Divina Commedia* da Dante, che lo definì «Mastin vecchio» per contrapporlo al figlio Malatestino I, il «Mastin nuovo». Tra la fine del XII secolo e il 1462 la dinastia regnò sulla vicina costa e sulle Marche. La rocca è aperta alle visite: si possono ammirare le stanze, la Sala Magna, le segrete e persino salire in cima al mastio per ammirare il panorama circostante. Da vedere nel borgo anche il Museo civico archeologico, ospitato presso il convento degli Agostiniani: Verucchio fu infatti fondata in epoca villanoviana (IX-VII sec. a.C.) e gli scavi archeologici condotti nei dintorni hanno riportato alla luce ricche tombe e numerosi manufatti che ci raccontano la storia di una civiltà poco cono-sciuta. Fra questi vi sono troni meravigliosi, arredi in legno, abiti di lana, ceste di vimini, cibi che venivano offerti alle divinità e splendidi gioielli d'oro e ambra.

L'itinerario a piedi da Villa Verucchio a San Leo

Se desiderate fare questa bella escursione di 23 km, tenete presente che sarebbe utile disporre di due auto, una al punto di partenza e una all'arrivo, perché in caso contrario, per tornare a recuperare il vostro mezzo, da San Leo sarà necessario raggiungere in taxi Secchiano (che si trova a 6,5 km di distanza, equivalenti a circa 12 minuti di auto) e poi da lì prendere l'autobus 160 della Start Romagna in direzione Rimini, che in circa 20 minuti raggiunge Villa Verucchio, dove fa numerose fermate (informazioni su www.startromagna.it/servizi/orari-e-percorsi). Il trekking dura poco meno di 6 ore (escluse le pause) e prevede un dislivello totale di 705 metri in salita e di 205 in discesa; può essere considerato di difficoltà media, perché è relativamente lungo e, partendo dai 129 m di altezza di Villa Verucchio, prevede due tratti in salita: la prima per raggiungere il borgo di Verucchio, situato a 295 m (con relativa discesa), e la seconda per arrivare

La campagna intorno a Villa Verucchio.

Avvicinandosi al santuario della Madonna di Saiano.

alla conclusione della tappa, San Leo (a quota 588 m). Per questo l'itinerario è consigliabile a chi abbia già esperienza di trekking o possieda una buona forma fisica. Indispensabili gli scarponcini o le scarpe da *walking* e almeno un litro d'acqua; per il pranzo, potete acquistare i panini prima della partenza oppure rifornirvi a Verucchio e Ponte Verucchio, o a Pietracuta e al ponte Santa Maria Maddalena (ma in questi ultimi due casi bisogna allontanarsi un po' dal sentiero).

Il cammino inizia dal convento francescano di Villa Verucchio: dando le spalle alla struttura, si imbocca via Convento verso destra e la si segue fino a immettersi nella SP15 bis, che porta all'abitato di Verucchio. Si percorre la provinciale solo per pochi metri, poi si individua sulla destra una pista in terra battuta con il segnavia V2 che sale fra gli ulivi. Dopo circa 35 min. dalla partenza, si svolta sul sentiero V1, lo si percorre per pochi metri e poi lo si lascia per imboccare la seconda stradina sulla destra che, passando in mezzo alle case di Verucchio, porta nei pressi del Museo civico archeologico. Andando a destra si incontra piazza Malatesta, il nucleo del paese: sono trascorsi altri 20 min. di cammino. Dopo aver visitato il suggestivo borgo antico, dalla piazza si imboccano via dei Martiri e poi via Viggiolo e si incontra una stradina asfaltata in discesa con il segnavia V4. La si percorre fino a raggiungere la Provinciale 15 bis, che va seguita in discesa fino ad arrivare a Ponte Verucchio (25 min.). Si attraversa il ponte sul Marecchia e si gira a sinistra in via Palazzo, seguendo il segnavia numero 03. Dopo mezzo chilometro di strada asfaltata, si imbocca il piacevole percorso na-

Il santuario della Madonna di Saiano dall'alto.

Il fiume Marecchia.

turalistico che costeggia il fiume per un buon tratto, tra campi coltivati e filari di pioppi, poi si ritorna sulla strada che porta allo sperone di roccia su cui sorge il santuario della Madonna di Saiano: abbiamo camminato per altri 50 min. Si abbandona l'asfalto per continuare a costeggiare il fiume e lo si attraversa al ponte di ferro con le ruote. Qui si prosegue verso destra su uno stradone sterrato e, al bivio con l'asfalto, si svolta a destra in via Poggio, poi ancora a destra sul percorso naturalistico che risale il torrente Mazzocco per mezzo chilometro, sfiorando l'abitato di Pietracuta, fino al ponte pedonale: sono trascorsi altri 40 min. Superato il ponte, si svolta a destra invertendo il senso di marcia fino a ritornare sul Marecchia. Si costeggia il fiume per un buon tratto andando verso sinistra lungo il percorso naturalistico, che da un certo punto scorre di fianco alla Provinciale 258 Marecchiese fino al ponte Santa Maria Maddalena, che raggiungiamo dopo altri 55 min. Si attraversa la statale imboccando una stradina che subito si biforca: si svolta a destra, poi al bivio per Legnanone si prende la sterrata sulla destra indicata con il numero 017A. Si prosegue sul fondovalle, si attraversa un torrente e si supera il minuscolo abitato dei Casetti (25 min.). La strada si fa ora panoramica e sconnessa, sempre in salita, fino a quota 450 m, dove diventa asfaltata e più ampia. Al primo bivio si prende a sinistra per Sant'Igne (1 h). Dopo la visita al convento si prosegue sul sentiero a destra fino a quota 550 m, si raggiunge la strada asfaltata per San Leo e la si percorre verso sinistra, arrivando nel centro del borgo in 30 min.

I santi francescani

Si contano oltre un centinaio di santi e beati francescani, alcuni dei quali celeberrimi, come Chiara d'Assisi, Antonio di Padova, Bernardino da Siena e Pio da Pietrelcina.

Chiara d'Assisi (1193/94-1253) fuggì appena diciottenne dall'agiata casa dei genitori per raggiungere Francesco alla Porziuncola, abbandonare le ricche vesti di cui era abbigliata e indossare l'umile saio da penitente. Condivise poi l'esperienza spirituale di Francesco vivendo nel convento di San Damiano con le sorelle Agnese e Beatrice e con

Santa Chiara (affresco di Simone Martini, 1322-1326).

163

le compagne, le "povere recluse" o "damianite" (in seguito dette clarisse), di cui divenne badessa. Quando nel 1241 i saraceni raggiunsero le porte di Assisi e del monastero, secondo la tradizione Chiara prese l'ostensorio e lo espose alla finestra: una luce accecante spaventò gli assalitori, che fuggirono abbandonando l'assedio.

Antonio di Padova fu un francescano di origine portoghese: nacque infatti a Lisbona nel 1195 e divenne canonico agostiniano a soli 15 anni. La sua sorte si legò a quella di Francesco quando, nel 1220, giunsero a Coimbra i corpi di cinque francescani decapitati in Marocco, dove si erano recati a predicare per ordine del frate di Assisi: a quel punto il giovane decise di farsi francescano. Invitato al Capitolo generale di Assisi l'anno successivo, ascoltò le parole di Francesco a Santa Maria degli Angeli, anche se non ebbe occasione di conoscerlo personalmente.

Sant'Antonio di Padova con il Bambino (opera del Guercino).

Per circa un anno e mezzo visse nell'eremo di Montepaolo, nei pressi di Forlì, poi, su mandato dello stesso Francesco, iniziò a predicare in Romagna e nell'Italia settentrionale, legandosi sempre di più al nostro paese. Il 13 giugno 1231 si trovava a Camposampiero, vicino a Padova e, sentendosi male, chiese di rientrare in città per morire: spirò nel convento dell'Arcella diventando così, per noi italiani, sant'Antonio "di Padova".

Bernardino da Siena (1380-1444) vestì l'abito francescano a ventidue anni e cominciò a svolgere predicazioni itineranti. Faceva incidere il monogramma IHS su tavolette di legno e le dava da baciare alla folla alla fine dei suoi sermoni, in segno di devozione a Gesù. Richiamava folle talmente numerose che per far arrivare la sua voce a tutti faceva issare un palco dal quale predicare e calcolava con apposite bandierine la direzione del vento, per potersi rivolgere da quella parte. Alcuni dei suoi discorsi sono giunti fino a noi e rivelano opinioni molto

Bernardino da Siena (opera di Benvenuto di Giovanni).

nette e parole dure per coloro che «rinnegano Iddio per un capo d'aglio» e per «le belve dalle zanne lunghe che rodono le ossa del povero». Continuò la sua opera di pacificazione anche da morto, all'Aquila, perché il suo corpo, esposto alla venerazione dei fedeli, grondò sangue e indusse così le varie fazioni cittadine in lotta per la supremazia a trovare un accordo.

Tra i santi francescani oggi più ricordati vi è infine **Pio da Pietrelcina** (1887-1968): frate cappuccino e sacerdote, fu inviato nel 1916 a San Giovanni Rotondo, sul Gargano, dove svolse una grande opera di apostolo del confessionale, trascorrendovi anche quattordici o sedici ore al giorno. Il 20 settembre 1918 ricevette le stimmate, il che non mancò di destare sospetti dando vita a due schieramenti, entrambi capeggiati da medici e personalità della Chiesa: quello di chi credeva nella genuinità del fenomeno, e quello

Pio da Pietrelcina.

di chi dubitava. Nel 1931 gli vennero vietate le Messe in pubblico e le confessioni, restrizioni che furono revocate nel 1933. Il seguito popolare, comunque, rimase sempre notevolissimo, tanto che nel 1950 per le confessioni dovette essere organizzato un servizio di prenotazione. Padre Pio è stato beatificato nel 1999 e proclamato santo nel 2002 da papa Giovanni Paolo II. Il suo corpo è esposto presso il santuario di San Giovanni Rotondo inaugurato nel 2004, meta di sei milioni di fedeli all'anno.

I miracoli

Se Verucchio e Sant'Igne non sono nominati nelle fonti francescane, lo è però la vicina Rimini; citiamo quindi un passo dei *Fioretti* (capitolo XL, FF 1875) relativo ai miracoli operati in questa città da sant'Antonio, un altro celebre membro dell'ordine francescano. Il santo mostra qui, nel suo forte legame con il regno naturale, una notevole affinità con il fondatore Francesco:

olendo Cristo benedetto dimostrare la grande santità del suo fedelissimo servo messere santo Antonio, e come divotamente era da udire la sua predicazione e la sua dottrina santa; per gli animali non ragionevoli una volta tra l'altre, cioè per li pesci, riprese la sciocchezza degli infedeli eretici, a modo come anticamente nel vecchio Testamento per la bocca dell'asina avea ripresa la ignoranza di Balaam. Onde essendo una volta santo Antonio a Rimino, ove era grande moltitudine d'eretici, volendoli ridurre al lume della vera fede e alla via della verità, per molti dì predicò loro e disputò della fede di Cristo e della santa Scrittura; ma eglino, non solamente non acconsentendo alli suoi santi parlari, ma eziandio come indurati e ostinati non volendolo udire, santo Antonio un dì per divina ispirazione sì se ne andò alla riva del fiume allato al mare; e standosi così alla riva tra 'l mare e 'l fiume, cominciò a dire, a modo di predica, dalla parte di Dio alli pesci: "Udite la parola di Dio voi, pesci del mare e del fiume, dappoi che gl'infedeli eretici la schifano d'udire". E detto ch'egli ebbe così, subitamente venne alla riva a lui tanta moltitudine di pesci grandi, piccoli e mezzani, che mai in quel mare né in quel fiume non ne fu veduta sì grande moltitudine; e tutti teneano i capi fuori dell'acqua, e tutti stavano attenti verso la faccia di santo Antonio, e tutti in grandissima pace e mansuetudine e ordine: imperò che dinanzi e più presso alla riva istavano i pesciolini minori, e dopo loro istavano i pesci mezzani, poi di dietro, dov'era l'acqua più profonda, istavano i pesci maggiori.

Essendo dunque in cotale ordine e disposizione allogati li pesci, santo Antonio cominciò a predicare solennemente e dice così: "Fratelli miei pesci, molto siete tenuti, secondo la vostra possibilità, di ringraziare il Creatore che v'ha dato così nobile elemento per vostra abitazione, sicché, come vi piace, avete l'acque dolci e salse, e havvi dati molti refugi a schifare le tempeste; havvi ancora dato elemento chiaro e trasparente e cibo per lo quale voi possiate vivere. Iddio vostro creatore cortese e benigno, quando vi creò, sì vi diede comandamento di crescere e di multiplicare, e diedevi la sua benedizione. Poi quando fu il diluvio generalmente, tutti quanti gli altri animali morendo, voi soli riserbò Iddio senza danno. Appresso v'ha date l'ali per potere discorrere dovunque vi piace. A voi fu conceduto, per comandamento di Dio, di serbare Giona profeta e dopo il terzo dì gittarlo a terra sano e salvo. Voi offeriste lo censo al nostro Signore Gesù Cristo, il quale egli come poverello non aveva di che pagare. Voi fusti cibo dello eterno re Gesù Cristo innanzi resurrezione e dopo, per singulare mistero. Per le quali tutte cose molto siete tenuti di lodare e di benedire Iddio, che v'ha dati e tanti e tali benefici più che all'altre creature". A queste e simiglianti parole e ammaestramenti di santo Antonio, cominciarono li pesci aprire la bocca e inchinaron li capi, e con questi e altri segnali di reverenza, secondo li modi a loro possibili, laudarono Iddio. Allora santo Antonio vedendo tanta reverenza de' pesci inverso di Dio creatore, rallegrandosi in ispirito, in alta voce disse: "Benedetto sia Iddio eterno, però che più l'onorano i pesci acquatici che non fanno gli uomini eretici, e meglio odono la sua parola gli animali non ragionevoli che li uomini infedeli". E quanto santo Antonio più predicava, tanto la moltitudine de' pesci più crescea, e nessuno si partia del luogo ch'avea preso.

A questo miracolo cominciò a correre il popolo della città, fra li quali vi trassono eziandio gli eretici sopraddetti; i quali vedendo lo miracolo così maraviglioso e manifesto, compunti ne' cuori, tutti si gittavano a' piedi di santo Antonio per udire la sua predica. E allora santo Antonio cominciò a predicare della fede cattolica, e sì nobilemente ne predicò, che tutti quegli eretici convertì e tornarono alla vera fede di Cristo, e tutti li fedeli ne rimasono con grandissima allegrezza confortati e fortificati nella fede. E fatto questo, santo Antonio licenziò li pesci colla benedizione di Dio, e tutti si partirono con maravigliosi atti d'allegrezza, e similmente il popolo. E poi santo Antonio stette in Arimino per molti dì, predicando e facendo molto frutto spirituale d'anime.

A laude di Gesù Cristo e del poverello Francesco. Amen.

La Rocca malatestiana domina l'abitato di Verucchio.

Per saperne di più

FONTI FRANCESCANE

L'*Editio minor* delle Editrici Francescane contiene:

- Scritti di Francesco d'Assisi.
- Biografie di Francesco d'Assisi (*Vita prima, Vita seconda, Leggenda maggiore, Leggenda dei tre compagni, Leggenda perugina, I Fioretti di san Francesco, Sacrum Commercium sancti Francisci cum Domina Paupertate*, Canto XI del *Paradiso* di Dante).
- Cronache e altre testimonianze.
- Scritti e fonti biografiche di Chiara d'Assisi.
- Appendici.
- Indici.

LIBRI

Gilbert K. Chesterton, *San Francesco d'Assisi*, Edizioni Terra Santa, Milano 2016.

Chiara Frugoni, *Vita di un uomo: Francesco di Assisi*, Einaudi, Torino 2014.

Chiara Frugoni, *Storia di Chiara e Francesco*, Einaudi, Torino 2011.

Gwenolé Jeusset, *San Francesco e l'Islam*, Edizioni Terra Santa, Milano 2009.

Jacques Le Goff, *San Francesco d'Assisi*, Laterza, Bari 2006.

Alda Merini, *Francesco. Canto di una creatura*, Frassinelli, Milano 2007.

Aldo Nove, *Tutta la luce del mondo. Il romanzo di san Francesco*, Bompiani, Milano 2014.

CICLI PITTORICI

Giotto e Maestro di san Francesco, basilica superiore di San Francesco, Assisi.

Giotto, cappella Bardi della basilica di Santa Croce, Firenze.

Ghirlandaio, cappella Sassetti della chiesa di Santa Trinita, Firenze.

MUSICA

Franz Liszt, *Cantico del Sol di San Francesco d'Assisi*, 1880.

Claudio Baglioni, *Fratello Sole, sorella Luna* (colonna sonora del film omonimo), 1972.

Angelo Branduardi, *L'infinitamente piccolo*, 2000.

Armando Pierucci, *La terra dei Fioretti*, 2013.

FILM

Roberto Rossellini, *Francesco, giullare di Dio*, 1950.

Franco Zeffirelli, *Fratello Sole, sorella Luna*, 1972.

Liliana Cavani, *Francesco*, 1989.

Crediti fotografici

Accurimbono: p. 76
Adri08: pp. 137, 138 (sotto)
Alberto Monti: pp. 29, 30, 37
Bruno Severini: p. 107
Bygdb: p. 132
Centro Documentale Ancona: p. 134
Decapraris: p. 67
Gabriele Muccioli: p. 140
Giuseppe Gentili: pp. 46 (sotto), 48, 51
Howwi: p. 149
IAT San Leo: pp. 142-147, 151
Infinitispazi: p. 40
Lorenzo Gaudenzi: p. 159
Lo.tangelini: p. 160
Luigi Alesi: p. 68
Massimo Zanconi / Turismomacerata.it: pp. 91-93
Maurizio Antonelli: p. 39
Mirko Scoccia: p. 73
Parsifall: pp. 86 (sopra), 131, 135
Pierluigi Giorgi / Visitascoli.it: p. 32 (sotto)
Provincia di Rimini-Assessorato al Turismo: pp. 156-158, 161, 162
Theluoz: p. 86 (sotto)
Toni Pecoraro: p. 138 (sopra)
Verucchio Turismo: p. 167
Wikimedia Commons: pp. 11-21, 41, 44, 61, 163-165

Tutte le restanti immagini sono di Alessandra Repossi.

Indice

INTRODUZIONE   5
La struttura   6
L'itinerario   7
Quando partire e dove alloggiare?   8

UN PO' DI STORIA   11
San Francesco nelle Marche   11
I primi francescani delle Marche   16
Le fonti francescane   18

ASCOLI PICENO E DINTORNI   25
I luoghi dei Fioretti   26
Da non perdere   29
   Chiesa di San Francesco   30
   Chiesa di Santa Maria delle Donne   33
   Chiesa e convento di San Francesco (Venarotta)   36
   Eremo di San Marco   38
Visite di approfondimento   40
   Chiesa di San Gregorio Magno   40
   Pinacoteca civica   41

SARNANO E DINTORNI   45
I luoghi dei Fioretti   46
   Ex chiesa e convento di Roccabruna   47

Da non perdere 50
   Grotta di Soffiano (località San Liberato) 50
   Convento di San Liberato (località San Liberato) 52
Visite di approfondimento 55
   Chiesa e convento di San Francesco 55
   Pinacoteca comunale 57

SAN SEVERINO MARCHE 61
I luoghi dei Fioretti 62
   Chiesa e convento di San Salvatore in Colpersito 62
Da non perdere 66
   Duomo vecchio 66
Visite di approfondimento 68
   Monastero di Santa Chiara 68

FABRIANO E DINTORNI 75
Da non perdere 78
   Eremo di Santa Maria di Val di Sasso (fraz. Valleremita) 78
Visite di approfondimento 83
   Loggiato di San Francesco 83
   Ex ospedale e chiesa di Santa Maria del Buon Gesù 85

SANT'URBANO, FAVETE, STAFFOLO E FORANO 89
Da non perdere 91
   Abbazia di Sant'Urbano all'Esinante (Apiro) 91
Visite di approfondimento 93
   Chiesa di San Francesco di Favete (Apiro) 93
   Fonte di San Francesco (Staffolo) 95
I luoghi dei Fioretti 96
   *Chiesa, convento e santuario di San Francesco
   di Forano (Appignano)* 96

OSIMO 105
I luoghi dei Fioretti 108
   Duomo di San Leopardo 108

Da non perdere   113
  Basilica santuario e convento di San Giuseppe da Copertino   113
  Grotta del Cantinone   116
Visita di approfondimento   119
  Chiesa dei Santi Martiri   119

ANCONA   121
I luoghi dei Fioretti   123
  Porto   123
Da non perdere   125
  Chiesa e convento di San Francesco alle Scale   125
  Cattedrale di San Ciriaco   129
Visite di approfondimento   131
  Ex convento di San Francesco ad Alto   131

MERCATELLO SUL METAURO E SAN LEO   137
Da non perdere   139
  Chiesa e museo di San Francesco (Mercatello sul Metauro)   139
I luoghi dei Fioretti   141
  San Leo   141

DA SAN LEO A VILLA VERUCCHIO   151
Visita di approfondimento   152
  Chiesa e convento di Sant'Igne (San Leo)   152
Da non perdere   156
  Convento di San Francesco e chiesa di Santa Croce
  (Villa Verucchio)   156
  Verucchio   159

PER SAPERNE DI PIÙ   169

CREDITI FOTOGRAFICI   171